CHAN HEURLIN.

OU LES

BRUILLES DE FANCHON.

POEME PATOIS MESSIN,

EN SEPT CHANTS.

CHAN HEURLIN

OU

LES FIANÇAILLES DE FANCHON.

POEME PATOIS MESSIN,

EN SEPT CHANTS.

PAR B*** ET M***, *Brouiex et Mery*

DE METZ.

PUBLIÉ PAR M. G**.

> Un récit un peu gai n'est point une satyre;
> Ne le censurez pas si Heurlin vous fait rire:
> Mais s'il vous fait pleurer, brulez-le sans pitié,
> Chan préfère ce sort à votre inimitié.

METZ,

DE L'IMPRIMERIE DE C. LAMORT.

1787.

Se vend chez la veuve DEVILLY, *libraire, rue du Petit-Paris, à Metz.*

Le dépôt voulu par la loi a été fait, et le contrefacteur sera poursuivi conformément à la loi.

OBSERVATIONS PRÉLIMINAIRES.

Ce poëme a été commencé en 1785, par M. B.*** ancien directeur du journal de Metz, qui l'a conduit jusques vers le milieu du cinquième chant : et quoique non achevé, il est tombé dans des mains plus qu'indiscrettes, qui en ont fait des contre-façons.

L'éditeur propriétaire, parent de M. B.***, ainsi que toutes les personnes qui avaient lu les premiers chants de ce poëme, désiraient depuis long-temps le voir terminé ; c'est ce que vient de faire M. M.*** au moyen de quelques notes qui lui ont été données ; il y a fait entrer quelques épisodes qui se rattachent naturellement au sujet principal.

EXPLICATIONS.
Sur la manière de lire et d'écrire le patois messin.

Si on lisait le patois, ainsi qu'il est écrit, on aurait peine à le comprendre, du moins dans certains cas susceptibles de beaucoup de licences poétiques, car il n'a point de régles déterminées, ni pour la mesure, ni pour la rime des vers.

La prononciation est également utile à connaître pour le bien comprendre ; par exemple, on rencontrera souvent dans cet ouvrage les mots Vrémin, Heurlin, vin, fechtin : *si on les prononçait comme s'il y avait*, Vrémain, Heurlain, vain, fechtain etc. , *on ne vous entendrait pas : il faut appuyer sur la finale* in, *et la prononcer de même.*

En général on doit remarquer que l'apostrophe tient la place de l'e muet, comme dans les mots ci-après : nat', mat', chur', dial', hom', fom', com', bel', r'ti, s'ti, d'dans, b'zan, eun', dem', *etc. Il faut lire comme s'il y avait*, nate, mate, chure, diale, homme, fomme, comme, belle, reti, ou roti, soti, dedans, bezan, eune, dème, *etc., de manière à faire sentir légèrement l'e muet remplacé par l'apostrophe.*

LES BRUILLES.
POEME
PATOIS-MESSIN.

CHANT PREMIER.

Je và, dans mes lugis, entrepanre ein ovreige,
Que les Monsieus d'let Velle, et les Hommes de Vleige
Rewatront com in conte, et ne creuront jémà.
Qu'eusseut ! s'i font profit de çou que j'lou dirà,
J'érâ rempli met tâche, et po payet met poine,
Évà les çous qu'riront j'érosrâ met gergaîne.

   En l'an mil sept cent dauze, on Vleige de Vremin,
Vecueut in plagiant Hom, qu'on houieut Chan Heurlin.
Let gran Ginon set fome ateut grolâte et seige ;
Et depeu dige-huæe ans qu'l'atint dans zoutt meneige,
Ell' s'éveut tant dgrolet qu'i n'évint qu'ein affant :
Mà quel affant, grand Dieu ! l'en vàleut beun in cent.
Càr depeu Maguelône, ou bien let belle Haleine,
On n'éveut jémà vu ni Princesse ni Reine,
Qu'éveusse in se bé vseige, et lo rèche et l'év'nant,
Bé maintien, douceur d'Ange, esprit divertissant,
Bés œuils et biens guernis, échtoméque aidmirable.

A

Boche qu'in be rousi n'eme in boquet sembliable,
Béles jambes, bés pieds, bé... qu'et que j'vos dirâ?
L'awe m'en vient et let boche, et vlèt çou qu'j'en crâ

 Telle ateut, mes émins let chermante Bacelle
Dont je v'vâ récontet l'évanture cruelle.

 Depeu l'âge inoucent que l'éveut des bévrons,
On l'éveut torjo vu lourgnaye des guéchons.
Mâ bernic, i n'ousint li pâlet d'émourettes;
Set meire en so dgrolant rebousseut zous fleurettes.
Fanchon li'ateut somise, on n'érint jémà cru
Que s'quieur eveût lo got que détrut let vertu.
Au contrare chéquin let beilleut po modêle,
Et les gens let crayint austant seige que bêle.
Mà ne vient-ime in tems où let ségesse et tour,
Où let néture pâle, où l'anmor â l'pu four?
Dans ço tems dangeroux les béles étécayes,
Po werdet zout oneur, font sovent des crawayes.
L'écheppe et l'en mointiet. Ç'à vrâ qu'il y'en et bien
Qu'en conservent let pé, et qu'on n'en saine rien.
L'ont ma foy bien rajon: ç'at in bé privileige
De jayir en coichatte, et de pesset po seige.
Natte poure Fanchon n'eme évu l'esprit-lèt;
L'et jayi dou, treu fois, mà l'et mou brâ po çlet.

 Dans le moy qu'f â fliari let vialate et let rouse,
Et que dans les jerdins let maudite fouérouse
Prend lo seuc de let teire, et fâ fochnet les gens,
Fanchon qu'éveut grand soin d'occupet ses momens,
Quand l'éveut fâ s'n ovreige âleut rayet let zoute,
C'â ço soin-lèt qu'et min set ségesse en déroute.
Des fasses de faichins d'environ treus pieds d'haut
Sépérint zoute meix d'évâ l'çou don Merchaut.
Lo fet don Merchaut-lèt, qu'en houint l'bé Marice,

Sôu de tochet l'anclieume, et dotant let mélice
S'éveut min Volontaire en in vieux Régiment,
Où content de s'mérite, on l'éveut fà Sargent.
L'éveut connchu Fanchon; mà let guerre et l'ebsence,
Des fomes, des pliagis let douce jaïssance,
Li'évint fà roubliet ein objet si chermant.
Enfin l'ateut revnin quand dans l'meix so promnant
L'et éperçu Fanchon râyant l'êrbe maudite :
I vleut l'allet treuvet po li fare visi'e ;
Mà dotant que Ginon ne feieusse don bru,
I so mint dlé let haïe, et let r'wateut petdsu.
Fanchon li torneut l'doû, et maugré ses grand cattes,
Com l'ateut foû béchiaïe, en vojint ses treucattes.
Qu'in rewà de let soùrte at in briquet bien fin !
Quand l'œuil en â tochet, zeste val lo fu prin:
Val lo quieur enfliémé, vlèt l'ame dans l'ivresse:
Et qué Diale y tienreut, quand on et d'let janesse ?
Marice n'y tient pu ; i teusse, et vlèt Fanchon
Que s'retonne, et rogit de veur in s'bé guéchon.
En effet l'ateut bé; son ébit d'ourdonnance
Son ar mâle et guerrier, set fiere contenance
Ont fà, su cette Bêle, ein effet sourprenant.
" V'ateus, dit-i, voisine, in jerdenier chermant.
" Que ne su-je chèrget de fâre vat ovreige :
" Je n'm'en hadreu jémà ; ni bèteille ni siege
" Ne pourrin m'érèté, quand j'overreu por vos ;
" Ve veurins mot coraige augmentet tos les jos ;
" Chaique instant de m'n anmor v'érins des ergairades,
" Que j'écompaignereux de cent mille embressades. ,,

Fanchon tot interdite, et les œuils ébéchiet,
Li répond doucement: Voisin, ve v'macqueus d'met.
"Mo macquet d'vos, dit-i, non, ve lo poleus creure ;
" po v'édoret, Fanchon, en n'on bsan que de v'veure.
" Dans Metz, dans Besançon, dans Péris, de mes jos,

« J'nâ point treuvet d'bacelle aussi bêle que vos.
« Ausset mot quieur a prins, et je sens que je v'aime
« D'in anmor que deurret tot austant que met-meime;
« Mà, po payet, Voisine, ein anmor se constant
« Érâ-je de vat'quieur in pérail sentiment ?
« Pourrâ-je, sans v'fôchet, demandet que v'm'aiminse ?
« Et l'entraïe cheu vos me sret-elle perminse ?
« Vatte meire, dit-on... ═ N'écouteur met les gens,
Dit Fanchon; dans lo Vleige, i sont bien médisans.
Ç'â vrà qu'en v'nant cheu nos, veu fôcherins met meire;
Mà mot peire aim'reut bien d'ouï pâlet d'let gueire.
Ces doux mats, com in baum, ont pourtet dans sot quieur
Let jouïe que produt l'anloute don bonheur.
═ Je li'en palrâ, dit-i; mà d'vant que d'l'allet veure,
Je vâ fare in boquet que j'vos prirâ de r'cieure.
I corre, on meime instant, depoilliet doux rousis,
Que présentent aux œuils l'imaige des pliagis :
I mâlle et zous bottons jeuillïennes et blians moînes;
L'érive évâ ces flieurs.. ═ Ve peurneus bien des poînes,
Dit Fanchon; mà Voisin, je r'cieurâ vat boquet
Sans conséquence, au moins, ve n'éreus rien po ç'let.
Elle éprache en riant, lo prend petd'su let hâye:
Petd'su let hâye ausstoû let vlèt qu'à rembréciâye :
L'en â tote hontouse; et, com s'on l'évin vu,
Elle corre cheu zous rewatier dans l'melu
S'i n'eme, en l'embréciant, déranget set cornette.

Mà sot quieur â blessié, l'â ravouse, inquiette,
Elle voureut déjet que sot bel aimoroux
Chercheusse vîtement d'awouet lo han cheu zous.
Sot désir â rempli. Sot peire et dous ovrires
Attint dso les pétraux que hawelin zous grondbires :
Marice vâ dlé zous, n'fayant sanant de rien ;
Les boins jos, lo bé tems ecmancent l'entretien;
Épu ç'â les bés blieds, épu vlèt les novelles,

Vlèt let guerre, et Marice en conte des marveilles;
I pâle évà tant d'fu, que Chan en â chermé.
Mon émin, li dit-i, vien mo veure cheu mé;
Çolet me fret pliagi; dà tantoû, su let brune,
Venan tot uniment po panre let fourtune.
Te n'éréme in grànd r'pet, met fome et in jambon
Que n'âme icà menget, je li ferans rajon.
J'à don boin vin d'Osreux que j'à sayet Dieumanche:
Ginon n'eme volu que j'y matteusse ein anche;
Mà j'l'y mattrà por té. L'eccepte: vlèt qu'à fà.
Chan reprend set hawatte; et Marice s'en-và.
I và tot com lo vent, let jouye lo transpoûte;
On direut que l'anmor su ses aûles lo poûte.
Lo vlèt déjet que rôde auto de let mojon,
Po veure s'i sret vu de set chere Fanchon.
Lo vlèt que l'épercieut qué rwateu pet let fnête:
D'in clin d'œuil et d'in signe i li'énonce let fête;
Et d'let veure érivet, sot quieur impotiant,
Ouse écuset lo slat d'ête in poû trat trouant.
I faut li perdonnet, quand l'anmor nos toûrmente,
Let rajon n'at pu rien que set ptiate servante.

Mà vasse l'oure enfin, vlèt lo slat qu'à meussiet,
Vlèt let haite rentraïe, et l'ovreige cesset.
Dans l'instant cheu Heurlin Marice so présente:
Val Ginon bien seurprinse, et Fanchon bien trembliante;
Mà tortot và chainget, devant qu'Chan seû r'vénin.
Lo bon soir, dit Marice, et Medème Heurlin.
Mo r'conn'cheuve icà bien? Jè sus lo p'tiat Marice,
Qu'il y'et dige ou doze ans ve houins let malice,
Et cause que j'hinsceu nas chins éprès vatt rau,
Et que je ch'teu sovant des pierres et vatt jau.
Eh! ç'à met qu'et sêrvi let Masse et vatt mériege:
Mon Dieu, que v'atins bêle en tortot vatt courseige,
Je creus qu'vatt inoucence y d'jeû s'*Confiteor*;

Cà je v'à vu bien brare au *Veni, Creator:*
Les làrmes, com des rupts, corins su vatt veseige;
Et chéquin d'jeù tot haut: ç'à preuve que l'à seige.
Ma foy depeu ç'tems-lèt, ve v'éveus bien sotnin;
Po let feille, en entrant, su mon Dieu que n'v'à prin.
Et ces mats herdiment lot gueillard let rembresse,
Miraique ! i n'let fôche met, maugré set herdiesse;
Au contrare elle en rit: en zon don bien rajon
De houiet iet louange in dangeroux poijon,
D'abord qu'elle édoucit let fome let pu rache.

Coment! ç'à té, dit-elle? Eh! mon affant, éprache?
Que j'to voyeuse in poû : wateus com l'à v'nin grand!
T'ateus dans tet janesse in méchant guerniment;
Mà quand let rajon vient, on chainge de condute.
L'i'et bien chis ans q't'à fieu? L'i'en et ma foy beune ute,
Dit-il; et maugré ç'let, je m'à tojo sovnin
De m'peire, de met meire, et d' Médème Heurlin.

Com l'écheuveu ces mats, vlèt Chan qu'érive en hâte.
J'à trat dayet, fat-i, mo brâve Caimérade;
Mà je reperrà çlet. Cet, feyeu-ne et sopet:
Com lo Voisin m'et fà l'oneur de l'ecceptet,
Distingueu-ve in tot poû, et sur-tout bonne mine.
Fanchon, en l'écoutant, rieut et let sordine.
Je v'beillrâ, dit Ginon, eine aimlette au bâcon,
Don fromeige gayin, d'let salade, in jambon;
Vlet tortot çou q'v'éreus. Bon, dit Chan; mà, Compeire,
Je m'en và panre ein anche évà mo p'tiat téreire;
Èt pendant qu'i front ç'let, te vienrez po m'adiet.
Ç'ateut don vin d'Osreux qui s'en allint cheirchet;
Po torto prépéret, Fanchon autou d'set meire
Bollieut com in fouyant qu'ons ont flianquet su teire,
D'in tot let tauille at minse, et vlet l'sopet qu'à fà;
To peire, dit Ginon, n'à ma foy qu'in mûsà:

Corre in poû les cheirchet, l'aimlette à déjet freude.
De let cave au boin vin let dégraye ateut reude;
Fanchon, en let d'chandant, so là cheure au mitaht:
Po let r'leuvet tot d'chute érive sot Galant.
I let r'leuve en effet, mà lo droule en profite,
In bagjet su set boche at hépé tot auss'vite.
Ah! dit-i, je v'édore: et pu haussant lo ton,
Ve v'éveus fà don mau, Méd'moinzelle Fanchon?
Mé! po ç'let niant, dit-elle, et ç'à tot au contrare.
Mà je n'boirans jémà lo vin que v'voleus trare,
En val essé, mot peire, allans vite sopet.
Se l'en manque, dit Chan, t'en vienret don charchet.
Lo peire prend lo vin, et lo Galant let l'mire,
I voureut que Fanchon monteusse let premire;
Ve dev'neus bien porquet, Fanchon lo d'vene ausset,
Et lo poûli Marice à fourcé de pesset.
Enfin les val et tauille. O, vos gens don bé monde,
Que v'tcilleus si sovent des grands r'pais et let ronde!
Heurlin eut dans lo sien les pliagis que v'charcheus,
Et q'maugré vat ergent, jémà veu n'treuvienreus.
Heurlin lon de set tauille et chessjet vat grimesses,
Et les moriges-let, que v'houieus politesses.
On ne rwat' met cheu lu lo premin q'sret servit,
Chéquin prend su s'n essiette, et meinge et s'n opétit;
Let franche liberté de let jouye â let meire.

Bientoû lo vin d'Osreux que queume dans lo weire
Enflieme lo Galant, vlèt s'n esprit qu'â monté;
Des combaits qu'i conteut, vlèt Heurlin enchanté.
Marice lo condut de sieges en béteilles,
Et fratte les Anglois en vudant les boteilles.
Mà quand i s'épercieut que lo bru don cainon
Dépliat et let Bacelle, et fà bâillet Ginon,
I quitte tot d'in coû, lo ton de let trompette;
Et so servant don çu de let douce musette

I conte de l'émor des tos divertissans,
Où les çous q'sont mâqués, ç'à tojo les Galans.
L'et soin, dans çou qu'i dit, de méneiget les Bêles,
L'et ses rajons pot ç'let, i dit q'ç'à des cruêles;
Que les Homes ne sont que zous p'tiats serviteurs,
Que jémà zous Galans n'en ont que des rigueurs.
Ginon rit sans songet que let nutâye évance;
Mà Chan qu'at in pou lasse et qu'et rempli set pance,
Teume lo darien weire, aussi-toù lo vlèt l'vé:
Vlèt let tauille routâye, et Marice en allé.
Chéquin et set féçon, vâ pesset let nutaye.
Fanchon éret po some eine douce pensaye;
Marice vâ songet et pliare et set Fanchon,
Et Heurlin, com in p'ché, vâ ronfliet dlé Ginon.

CHANT II.

CHANT DEUZIEME.

Lo jot n'éveume icà let pointe let pu p'tiatte,
Let çou q'fà pawe au lieuve et q'renjaït l'allouatte,
Que Marice ateut l'vé tot prà fieu d'let mojon,
Épiant lo moment de veure set Fanchon.
Po treuvet ç'moment-let l'et fà bien des pessayes.
Les coleurs de l'aurore atint déjet d'faussiayes;
Et déjet lo slat l'vant pet ses brillans rayons,
Feyeut bliawtet les œuils, et dareut les peignons,
Qu'i n'l'éveume icà vue; i s'tient com eine ambeuche.
Mà let coûne, en lâchant let f'ret venin su l'euche;
L'anmor et sot Galant corre en beillet l'évis,
Et po let veure et s'n âche, i s'mà tot vis-et-vis.

Elle y vient, en effet, devant q'd'ête éprataye;
Sot courset mointié mins, set goûrge décoichaye,
Ses bés chawes pendans causi su ses tàlons,
Et set catte de d'zos que n'vàme et ses brawons
Let rendent et ses œuils eine faye divine.
I corré, elle lo woit, et come eine lutine
Elle cliout l'euche et s'sauve en sàrant ses dous mains
Su les premins gâdats où boinent les humains.

Marice tot confus, bagiant l'euche en lu d'laye,
Lo quieur pliein de dépit, et l'ame fourvayaye;
S'en-và lon dans les champs po chessiet sot chégrin.
Mà que fà let promnade et sot quieur trap éprin?
I n'y woit que Fanchon, et Fanchon désébliaye;
L'et bé montet let coûte et trefchet let crawaye,
Cette imaige aidmirable à tojo devant lu:
I r'dechant d'vant lo Vleige, et causi dlé let cru,
Dese dous vieux poéris que font in bel ombreige

B

I s'essieutte ; et mâtant les dous mains su sot v'seige,
I so plieint de set poîne, et dit en sopirant :
Quand veurâ-je finir in si cruel tourment ?
Trap aimable Fanchon, se je ne vos posséde,
J'en meurrâ, j'en su chur, i'n'y'eret point de r'méde.
Mà portant vlet, dit-il, in bien pliet sentiment,
Je n'su don pu guerrier, je n'su don pu Sárgent !
Eine jànne Bacelle cret lâ de Marice
Eine pauille moilleye, in vieudasse, in jaucrisse !
Anmor, maudit anmor ! non, t'en é ez menti ;
Je s'râ tojo Marice, et je prends mot perti.
Je n'ame roubliet qu'etant et let Râchelle,
Et lougeant cheu l'Borjeu lo pu hupé d'let Velle,
J'â v'lu pliare et set fome, et que j'y'â pervenin.
Je n'ame roubliet qu'étant et Saint-Qouintin,
Et l'ét çou d'in Lussier j'â beillet l'escalade,
Et qu'aussi-tou let Béle et bettu let chaimade.
Dans Péris, que sai-je où ? j'en à vu pu d'in cent
Que n'm'onment resistet quand j'y'alleu herdiment.
Je n'ume évu sans ç'let, let chermante Cauchoise,
Que feyeut l'inoucente, ou putou let sournoise ;
J'l'â prin d'fouche, et portant j'â bien vu quand j'l'â prin,
Qu'i s'en falleu d'bécou que je seus lo premin.
Mà je l's'râ po Fanchon ; et si let ji sance
Ne détrume en mot quieur let fliettouse espérance,
J'en f'râ met fome in jo. Eh ! que n'à-ce aujord'u !
Come i d'jeut cés mats-let, érive delâ lu
Set meire, que li dit : je su beune enayaye ;
Te n'emes rentré sti de tote let jornaye ;
Venans du moins d'juné... Mà t'es l'ar mou ravou !
Tet bourse â-t-elle vude, où beune â-te émorou ?
I répond ç'à ti dous ; çolet let fâ sorire.
Dans ein ausse bé fet, la Merchaute s'edmire.
Set comére l'érete éfin de h'en palet :
"Marice lés là dire", et vâ tot dreu d'junet.

Quand l'et menget chix yeux et vudiet zoute auguiere,
I prend, sans s'érêter, set flûte tréversiere,
Et s'en vâ dans l'jerdin s'essieutet d'zo l'mirguet.
I jowe, on creut d'abord que ç'at in flageolet :
Mà bientoû de ses sons let douçou caqueliouse
Vâ jusqu'et cheu Heurlin chermèt son anmorouse.
En effet, là chermaye, et sot quieur palpitant
Li dit qu'in s'bé rémaige à fâ pet sot Galant.
Po l'ouï de pu près elle vâ dans l'allaye ;
Enchutte fieu de sti, maugré leye entrainaye,
Et dans l'meix don Merchaut voyant corri les gens,
Incertaine, trembliante, elle y vat et peds lents.
Let vlet qu'à dans let folle, elle s'y creut coichaye,
Marice l'épercieut, set flûte devient faye ;
On dirins qu'et let foys, ç'à cinquante instrumens,
I màlle aux pu doux sons les sons les pu brillans ;
L'éco les rend tot d'chutte aux oujlions de let coûte,
Et jusqu'et dans Failly lo Zéphire les poûte.
Tandis qu'autot de lu let janesse edmireu,
Et que d'jouye, en l'ouyant, let Merchaute breyeu,
I hoûte, i so promoéne, et là delé set meire,
Génon, Quettlon, Merguette et Guiton set comeire,
Let grand' Madlon, Gliaudine, et pu de trente affans.
Pandant qu'et let Merchaute i font zou complimens,
De crainte de Ginon, vlet Fanchon renallaye ;
Marice, édreutement, so chauille en zoute allaye,
Let treuve, prend set main, let bâge éyà transpour :
Je ne vis pu, dit-i, se je ne sai mot sour.
Aidorable Fanchon, je v'aime évâ tant d'foûrce,
Qu'en méprijant mes fus, vé creuserins met foûce ;
De doleur et d'anmor mo lareu-ve meurit,
Quand, d'in mat seulement, ve poleus me guérit.
Dejeus-lo, je v'en preye, en werdant lo silence,
Don pu tanre Emoroux ve lirins let sentence.
Fanchon n'y pieut pu t'nin ; set flûte et çou qu'i dit

Ont chermé po jémà, sot quieur et son esprit.
Eh bien, dit-elle, eh bien ! ve s'reu content, je v'aime !
Mà se v'allins chainjet ?... d'éte tojo lo meime,
I jeure, en l'embressant, d'eine fèçon si tanre
Qu'elle rend lo bagiet. Et come i vieut li panre,
Çou que de lon, su l'euche, au métin l'éveut vu
Les chermes sédujans que couêche sot mochu ;
Fanchon, dans lo moment, li flianque eine empaumaye,
So déberesse, rit, et let vlet qu'à sauvaye.
Ce n'âme po long-tems, l'anmor let rétrepret,
Et devant qu'i seut nu, son oneur s'ret hépet.

L'anmor à pi qu'in Diale, i n'y'et rien qu'i n'séveusse,
Devant, dit lo Galant, que let haite rentreusse ;
Je vrà deier let vaiche, en in coin mo coichet,
Pechoûne que Fanchon ne m'y pourret treuvet ;
Elle y vienret po trare. Ah ! sourcier, te sais l'oure,
Te sais que bien sovant, ç'à let crainte ou let glioure
Qu'empêchent les Galans d'awet çou qu'i vourins,
Ve ne s'reûmes tolet ouïs, vus, ni surprins :
Te pliâ, te s'ré vinqueur évâ tant d'évanteige,
Que lo lit de Fanchon ne let r'veuret pu seige.

Ma foy, fut dit, fut fà, l'à coichet, Fanchon vient,
Cheirche éprès let sellatte en ne songeant et rien.
Et rien, je sus mantou, l'éveut l'anmor en téite.
Au moment qu'elle alleut s'essieutet dlez let béite,
Marice let sourprend ; let vlet que jette in cri,
Ce n'âme in haut du moins, Ginon ne l'eme ouï.
Ç'à met, li dit Marice ; auss' vite i let rembresse.
Des brets de sot Galant elle so déberesse ;
Mà come elle sauveut on trévé don hettu,
En trefchant dans don train let vlet chutte dessu.
Marice, en let chuvant, so là cheure évâ leye ;
Fouyeu-ve, li dit-elle, alleu-v'z'en je v'en preye ;

Se met meire alleut v'nin, qu'é qu'çat que j'devienreux;
Voleu-ve don mo peide; et mà qu'é que v'fayeux?
Teneus, tant qu'i v'pliaret, Marice, rembresseu-me:
Mà routeux vas dous mains; mon Dieu, ve n'm'écouteu-me.
Woyant que ç'à d'tot d'boin, let Béle so defend
Tot come in vrà Drégon, pendant in p'tiat moment;
Elle flianque des coùs, elle moud, elle pince;
Mà l'à nante et let fin, elle péme, et l'à prinse.

O nut, chermante nut! depeus les chis mille ans
Que t'coiches dans tot sein les pliagis des Galans!
Non, jémà te n'é vu de tes œuils de chawattes
Des Emoroux que sint pu contens que les nattes.

Et foûche de pliagis, Fanchon reprend ses sens;
Marice redobeille et bagiers et sarmens.
Mà come i r'commencint et d'en fâre et d'en dire,
Les vlet que sont freppés de let clierté d'let l'mire;
I r'watent... Juste Dieu! ç'ateut Médèm' Heurlin.
Marice, épovanté, so sauve su l'guernin,
Et let fine Fanchon s'épayant dlez let taiche,
Je n'sais, dit-elle,... et met, je n'sais çou qu'et let vaiche;
Elle m'et d'né d'set pette, en gueuillant come in ch'vau,
Cinq ou chix coùs dans l'vente... ah, meire, que j'y'â mau!
J'let toûra, dit Ginon, let maudite béreigne.
T'é don mou mau, met feille, et l'àteu tems que j'veigne?
Te n'éveu qu'et houiet, j'éreu v'nin su l'moment.
Je n'poleu, dit Fanchon, çlet m'éveu coûpet l'vent.

Heurlin vient, on li conte; i saute su let fenne,
Et s'en beille et let vaiche anch'qu'et tant qu'i l'enrenne.
V'en rieux, et portant let beite n'en pieut mà.
Dans let cujenne enfin, let fémille s'en vâ.
Perneus, Ginon, dit Chan, let besnure bien chaude,
Je mattrâ dans don vin, don seuc et d'let meuscaude;

J'en f'rà boére et Fanchon pendant qu'v'éprattreus s'lit;
Çolet let guériret... Mon Dieu, çou qu'ç'à d'l'esprit !
Eine Oudi¹e âteû prinse; in pou mieux qu'et let vaiche,
Heurlin li'éreut, su l'champ, fâ rembressiet let taiçhe.
Et vos, Lecteurs, et vos, se v'éveu des affans,
Ne les creyeus jémà quand l'éront des Galans.
Don mensonge et de l'anmor, l'éternelle alliance
Dé end les Anmoroux contre let sourveillance :
Je pour us lo preuvet, se j'voleus v'endreumin ;
Mà je sus lassé, et d'main, je r'veurans chan Heurlin.

CHANT TROISIEME.

Ve créyeux que j'm'en và, contant des béguetelles,
De Marice au guernin vos beilliet des novelles,
Vos dire si Fanchon et beune ou mau dreumin,
Et se l'agrou Galant et étu lo premin :
Non frâ. Ve poleux bien, sans vos follet let mice,
Don guernin, come in fchou, fâre sourtir Marice,
Et veure que Fanchon éveut woirdet por lu,
Çou qu'et quinze ans,... faut-i vos matte lo nez d'ssus ?
Pendant in mois éprès let sourprise maudite,
Où de Ginon let vaiche et payet let visite ;
Nas Amans, tos les jos, dans différens endreüs,
So treuvins, so rendins pu contens que des Reüs :
Péchoûne n'on s'éveut, lo mystere et l'édrasse,
Couéchint zou rendez-vous de let nut let pu passe ;
Çolet tend les pliagis pu piquans et pu doux.
Au pu haut don bonheur, enfin l'âtint ti dous,
Quand Jacquin, lo Cosson, dans lo fond de set hatte,
Répoute, po Marice, eine maudite latte :
Ç'ateut de s'Capitaine. Il y'éveut: " Mo Sargent,
" I faut, sans pu dâyet, rev'nin au Régiment:
" Po lo trente don mois, rendeu-ve et Gaën en France,
" Sinon ve s'reus porchu po désobéissance. „

Se v'éveus jémà vu l'âr triste et consterné
D'in Jonif quand l'et peurdu l'ergent que l'et pretté,
V'éveus vu, tot au pu, let mointié d'let r'ssannance
De Marice en lijant let cruêle ourdonnance.
Énonciet sot départ et set cheire Fanchon,
Ç'à li beilliet, dans l'quieur, in grand coû d'espadron.
Li f'ret-i ses édieux ? pert'ret-i sans li dire ?

I ne sait coment fâre, i soffre lo mertyre.
Qué perti qu'i peurneusse, i sont duches ti dous.
I sourte, et per malheur Fanchon â d'vant cheus zous ;
Su sot veseige bliave elle lit let novelle.
Let vlet chutte en foyblesse; i corre, i let' répelle,
En l'y j'tant d'l'awé au nez ? Non, ç'at en l'embressant;
Ah ! dit-elle d'in ton tanre, doux et meurant:
Ve perteux... po jémà, me vâle ébandonnâye,
Et je creus que... Mon Dieu !... je d'marre embéressàye.
Marice, j'en érâ let honte et lo malheur ;
Çâ d'peu cinq ou chis jos, j'â senti des maux d'quieux.

Et ces mats sot bé v'seige â tot trempé de lârmes ;
Marice, en pertégeant ses plieurs et ses alârmes,
Rend tos les Sains tamoins des sarmens qu'i li fà ;
Let quitte en sanglieutant, prend sot saique et s'en vâ.

V'éveüs, sans doute, ouï let tanre Tourterelle
So pliainde dans les boûs de let peîte cruelle
De sot chier Tortereau qu'in Chessou li'et révi :
Ce n'â rien. Répelleux torto çou q'v'éveus li
Dans les lives tochans que v'ont sovant fâ brare,
Torto çou que let teire et vu de pu barbare :
Ce n'â rien. En enfé rewateux lo démon,
Set chaudire, sot fu, set forche, sot freuglion,
Et v'éreux devant vos ló pourtrâ véritable
Des regrets de Fanchon et don mau que l'aicable ;
Mau d'autant pu cujant, qu'i falleu lo coujiet,
Et qu'en dejant set poine, on pieût let soléget.

Il y'et dous boins Méd'cins po guérit let sociance,
Lo premin ç'à lo tems, l'aute c'â l'espérance.
Cit-cet vient d'lé Fanchon, cailmet pet set douceur,
Ses larmes, ses regrets, et set vive doleur.
Console-to, li dit l'espérance fliettoûse ;

        Se t'â...

Sè t'às... eh bien! ç'à l'sour d'eine fôme émorouse:
Pet cèt eccident-lèt, se l'oneur à d'ranget,
Lo mériege, in jo, pieut tortot réperet.

Ço discour at in baŭm, et Fanchon consolâye
De gayins et de creime épratte eine hattâye,
Efin de corre et Metz, pait so prétexte édreut,
Que l'aimor li fâ panre, en secret elle creut
Qu'elle y treuv'ret Marice... Espérance inutile!
L'àteut, po slat meussant, dejet bien lon d'let Ville;
Mà l'éveut depoûsiet, dans lo sein d'ein émin,
Les secrets de sot quieur: ç'àteut Calas Freumin.

Fanchon, sans s'infourmiet se set hatte â pésante,
Com in Draigon et Metz érive et poûte ovrante.
D'in het l'à su let plicce, et d'in mât, vlet qu'à fâ,
Elle vend et tot prix, et set hattâye en và
Let vlet libre, et tot d'chutte, elle poûte set havte
Au bout don Pont-Cheilly, cheu l'Ouliere Manjatte,
Et corre au Pont des Moûs, cheu Malat, Caiberti;
Elle séret tolèt, se Marice â perti.
Malat à sot cosin; mà ç'à poine perdâue,
Calas Freumin let treuve au haut de Fornirâue,
Let condut dezo l'cloitè, on pu secret des coins,
Et com in brave émin, li conte sans tâmoins
Tortot çou que por laye i saiveut de let vaille.

Ve pâleux, dit Fanchon, tot com eine mervaille;
Comant répourt et mé, Marice v'écriret,
Et d'vant let Saint-Mertin, ve creyeux qu'i r'vienret?
Qu'i m's'ret tojo fidele, et que sans méfiance
Je pieux, su set péralle, étande évà constance?
Ve l'poleux, dit Freumin, et j'en sus caution;
Mà je deûs li mandet si set chere Fanchon
N'âme... let... v'ouyeux beune... et lo valle et sorire.

C

Lo méchant! dit Fanchon, fâleut-il tortot dire?
Ç'at in grand imprudent. Fanchon, répond Freumin,
Ayeux confiance en mé, je ne sume in caquin;
Je v'woirdrà lo secret, et pu ce n'âme in crime,
Ç'let n'vo rout'met soulment, in polat de m'n'eftime;
Et se je v'éveus fà çou qu'v'et fà mon émin,
Je s'reu, ma foi, bien lon d'en awet don chégrin:
Ainsi d'mareux tranquille austant que v'âteux bèle,
Et ve pleûx v'échuriet qu'et let moindre novèle,
Je v'charchrà po v'let dire évà bien don pliagi.
J'y consens, dit Fanchon, si ç'at et vat lugi!
Je n'voureûme, in moment vos d'ranget d'vat ovreige,
Je s'rà, tos les vanrdis, su let pliece au lateige;
Ve pourreux m'y treuvet. l'dù Calas Freumin.
Let Béle, éprès ces mats, s'en retonne et Vremin.

Les rajons de Freumin, et set condute honête,
L'érint minse tranquille austant qu'on sérint l'éte,
Sans ses maudits maux d'quieur, qui, lon de s'en allet,
Tojo, de pus en pus, venint let désalet.
I s'en vont et let fin, mà set teille d'vient pâsse,
Elle n'à pu fringante en allant et let Mâsse;
L'et portant lo secret de s'éranget si bien,
En mattant sot courset, set catte, et s'vanterien,
Qu'excepté Chan Heurlin, péchoûne dans lo Vleige
N'et sévu son étet qu'in jo d'vant s'mériege;
Mà Heurlin s'et condu com in home d'esprit.

En érivant et Caën, Marice éveut écrit
Eine latte, et let fois, désalante et sensible.
Vâce, po mes émours, lo coû lo pu terrible,
Dejeu-t-il et Freumin : torto lo Régiment
Et l'ordre de pertit dans cin emberquement.
J'allans, que sais-je! au Diâle, en in pays sauveige,
Où n'y'et ni vin, ni pain, ni bacon, ni fromeige;

Jémà te n'lo sérés, si je n'to dis d'où qu'ç'at ;
On woit, en y'érivant, l'aute coté don slat ;
Et quand je pessrans d'zo, dijent mes caimérades,
Je srans, ma foy, tortus reûtis com des grillades.
Mà ce n'ame çolet que cause mot chégrin,
Ç'à de leyet si lon Med'moinzelle Heurlin.
Mon émin, couèche-li met cruelle évanture,
L'en penreut in chégrin que poureu let détrure ;
Et s'elle et, dans nieu mois, ein affant d'met féçon.
Prends-lo, mon bon émin, sous tet protection ;
Et po r'péret met faute et consolet let meire,
Te devreux l'épouset, en d'jant qu'ç'à té qu'à l'peire.

Freumin ne sême trà s'in pérail compliment
Ne s'reume eine màcqreye au-lieu d'in sentiment.
Ein aute s'en fôchreut, mà lu n'en à wà pratte,
I couèche dans sot quieur çou que contient let latte,
Et và treuvet Fanchon com i li'éveut promin ;
Et bien-lon d'li contet çou qu'et mandet s'n'émin,
I li colle, en douceur, les pu belles mentrayes.

Sovant les vérités sont des enfernagiayes
Que viennent, sans pitié, fàre meuri les gens.
Qu'elles sint, ç'à bien fà, les bourriaux des méchans !
Mà quand i s'agiret de chégrinet les Bèles,
De brouiller les émins, de fàre des querèles
Enteur les gens mériés, les voisins, les pérens,
Lâyans les vérités po les impertinens.

Pendant près de chix mois, Fanchon tojo trompaye,
Étend potiemment let chermante jornaye,
Où l'émour, et Viemin, và rémoynet s'Galant ;
Mà và-ce po so quieur in furioux moment.
In hézà và toffier set pu douce espérance.

Heurlin qu'at in boîn drille et qu'éme let bombance,
S'en và tot uniment fàre let Saint-Mertin,

Cheu Monsieu l'Etôllié, Chaloûne au grand Motin ;
Ç'à sot çosin François qu'y governe let câve,
Lo mâte essez sovant ; & come ç'at in brâve,
Que l'at élerte, janne, et four divertissant,
De let cujenne ausset l'et lo gouvernement ;
Càr Médeme Saindru vave bien compliajante,
D'in serviteur de Dieu très-digne gouvernante,
Li là dans let cujenne entiere liberté.

Heurlin meinge, en entrant, in rèche de pété,
En vudant set boteille ; et let soppe drassiàve,
Lo val évà François po tore let jornâye.
L'en évàlent, Dieu sait ! L'en dijent, Dieu merci !
Enrins, perens, Monsieus, sont mins su lo taipis.
Lo Mâte l'Etôllié qu'à causi de nobliesse,
Et in freire et let guêrre et que n'âme in jeanfesse ;
Ç'at in brâve, au contràre, et l'à to justement
Lo premin Capitaine où Marice à Sargent.
L'et écrit au Chaloûne eine latte en novelle,
Que vient de... ç'at in nom que j'à dans let cervelle,
Et que j'n'en pieux rawet ; mà lo nom n'y fà rien.
L'Officier, dans set latte, érengeut essez bien
Les combets qu'l'ont beillés et sot'nins su let route :
François let lit to haut, et Chan Heurlin l'écoute.
Il y'et, dans ein endreu, que Marice à blessié,
Et qu'en mitan chémin ço brave à deléié,
Dans eine Iûe essez ptiate. Et ces mats Chan Heurlin,
En choûant ses dous œuils énonce sot chégrin.
« Lo poûre nat, fàt-i : ah, que je lo regrette !
« L'éret, dans lo combet, com in trâ d'erbélette,
« Coru su les Anglois ; et d'in coû d'esponton
« I l'i'éront creuvé l'vente en lo j'tant su s'creupion.
« I m'en fà mou mautant ; quand nas gens vont l'épanre
« L'éront auss'tant d'chégrin que les siens en vont panre. »

[Mà, maugré ces regrets, en bovant don boin vin,

Chan, jusqu'au londemain, tient têite et sot cosîn ;
Et pu lo londemain, on premin coû d'let Mâsse,
I s'en r'tonne en jambliant, et let langue in poû pâsse.

   Quand l'érive et Vremin, Nônne veneû de s'né,
Et set feille et Ginon l'étendint po d'j'ûné.
I d'jûne en récontant ses pliagis de let vaille :
Tant qu'i pâle don r'pet, çolet vat et mervaille ;
Mà don fet don Merchaut i conte imprudâment
Lo départ, let blessiure, et son emberquement,
Fanchon, en l'écoutant, pu bliâve qu'in couërome,
Ne li réponne in mat ; tant lo chégrin l'ésome.
Quoi ! Marice à perti, l'à su meir et blessié !
So dit-elle, et Freumin et tréhi l'émitié !
Elle vieut s'en allet po couëchet set détresse ;
Mà, dès lo premin pet, let vlèt chute en foiblesse :
Heurlin, épovanté, let poûte su sot lit,
Let rehoûie et let veye, et charche en son esprit
Çou qu'et pu li causet eine téle épovante.
Qu'et-q't'é, dit-i, met feille ; ah ! t'às causi meurante,
Di-me çou qu'i faut fàre, et tot d'chute j'on frà.
Frâmeu l'euche, dit-elle, et pu je v'on dirâ.

   Au desir de Fanchon, l'euche à framé bien vite.
Dans ses brès qu'elle tend, Heûrlin so précipite.
Ah, peire ! li dit-elle, en lo sârant dlé s'sein,
De mes jos malaouroux, ç'at énu lo darien :
Ve n'éveux qu'ein affant, et v'âlleux lo maudire ;
Marice m'et surprin ; je sus... je n'lo pieux dire :
J'à fà faute, mo peire, èvà l'fet don Merchaut.
Heurlin, et ces mats-lèt, cheut cauſiment de s'haut ;
Mà rev'nant, su l'moment, de set surprise extreime ;
Mon affant, li dit-i, te sé combeûn je t'eime.
Se t'é fà faute, eh bien ! en pourront en r'venin,
I ne faume, po ç'let, panre in si grand chégrin.

Te n'âmes, per ma foy, let premire bâcelle.
Se péchoûne n'on sé, ce n'à que bégaitelle;
Je frâ tortot por té, l'ergent ne m'cotret rien,
Et se j'n'en âme essez, j'vandrâ pu toû don bien.

Mot peire, dit Fanchon, v'âteus lo Reû des peires:
Lon de mâlet lo r'prache et mes larmes émeires,
Ve v'leux, po m'soléget, depénet vat ergent;
Mot peire, mot cher peire, in pérail sentiment,
Po v'émet, v'édoriet, mo répelle et let veye,
Reveneus dans mes brès, mot peire, je v'en preye.
I s'y r'jette, et zous plieurs so mâllent tendrement.
Que let néture â bèle en in pérail moment!
Éprès ço moment-lèt, Heurlin chouant ses lârmes,
Et Fanchon, causiment, vâ roûtet les alârmes.
Dans son Ifle, dit-i, layans l'fet don Merchaut,
J'to mereyrâ sans lu, je connâs in nigaud
Que panret, sans l'sawet, tortot let fricaissâye;
Et te s'rez, j'en sus chure, icà mieux rencontrâye:
Mot nigaud â boin diâle, y f'ret to vrâ boneur,
Beite sans volonté, et somins sans umeur;
T'érez torjo rajon, et, s'i faut tortot dire,
Te serez let mâtrasse: (i let fâ ma foy rire.)
Prans coreige, met feille, et j'en vienrans et bout;
Mâ chessans lo chégrin, et don secret sur-tout.
Fâ tojo com t'é fâ, sans pâlet ni sans brâre,
Ne dis rien et Ginon : lo réche â mon effâre.

Ve ne séveus porquet, pendant qu'i so pâlint,
Let meire n'ème entré dans let chamba où q'l'âtint;
Ç'â que pendant ç'tems-lèt, Guitton que voleux cure,
Éveut v'nin li d'mandet sot l'vain et set fonnure,
Qu'elles évint pâlé de let fome et Beutmin,
Que vat in pou sovant cheu Monsieu de Vrémin,
Et qu'eine fome, enfin, ne pieut en conscience,
Po secori s'n'affant, quittet let médisance.

CHANT QUATRIEME.

Lo bien n'à bien qu'austant qu'on saine en fàre useige;
Lo pu p'tiat patrimoine enteur les mains d'in seige,
Suffit po l'entret'nin, et meime ses affans;
Tandis que les trouans, les sats, les négligeans,
Fondent, come don plion, lo pu riche hériteige.
Beilliet et gens pérails eine fome de m'neige,
Que so rend let mâtrasse et condut lo trevin,
Eine fome, en in mat, com let Fanchon Heurlin,
Ç'à lou fàre in présent de si grande impoûrtance,
Qu'i n'lo sérint payet de trâ de compliageance :
Du moins de Chan Heurlin tels sont les sentimens.

Lo Paoûré de Vany, vâf depeu quouëtoure ans,
Laboreut en haichroux cent bés jornaux de teire,
Que l'éveut héritié de Chan Paoûré, sot peire.
Chalat Paoûré, sot fet, et son unique affant,
Ateut in grand Dadet, imbécille et trouant,
Que n'poleut fàre in pet sans r'héchet set cueullatte.
Rossiaux com in Ossreux ou don poil de caratte,
Et si bête qu'enfin, Heurlin lo choisisseut
En pliece don Sargent que set feille breyeut.

Les Aivans éprâchint; et po cette ailiance,
Étende jusqu'aux Reux, ç'àteut eine imprudence.
Ausset dà lo Dieumanche, éprès let Saint-Mertin,
Heurlin corre et Vany, cheu lo janne Aubeurtin;
Caiberti compliajant, cheu qui les gens don Vleige
Féyint, tos les jos d'feîte, in terrible tépaige,
En bâillant com des vés, en jouant, en bovant.
Heurlin qui, dans Vany, pesse po boin vivant,
A r'çu com in émin des çous que sont ô boeire;

Ç'a et qui lo premin li présent'ret sot weifé ;
I s'essieutte et let tauille, et lo val et coté
De s'cosin let Cornàye et de Gliaudat Pavûré.
Et tot vis-et-vis d'zous, lo grand Poil de caratte,
Lo fet de Chan Maugras, et lo Joson Wibratte.

Fprès bien des santés et des pâsses rajons,
I pâlent des anmors de tortot les guéchons.
Cit-cet deut époset let fringante Babiche :
Ein autt, ç'à Francillatte, et cit-lèt ç'à Tontiche.
Chéquin min su l'tépis, lo rusé Chan Heurlin
Les émoine et pâlet des Bêles de Vrémin ;
Mà come i vanteut trà let Guiton don Werhaye ;
C'à cheu vos, cosin Chan, dit Pierrat let Cornaye ;
Qu'il y'et eine Mégnieye et pliàre et tot chéquin.
Let cosenne Fanchon ! Je gaige dous pats d'vin,
Qu'en France on aireut poine et treuvet set péraille !
Jarnibieu, mes émins, ç'à cet-lèt que renvaille.
" Cosin, li répond Chan, qu'elle seu béle ou non,
" Ce n'âme pet tolet que j'eftime Fanchon.
" Met feille at, en to tems, diligente et m'négire ;
" I n'y'éme en let Péroisse eine péraille ovrire ;
" Depeu pu de dige ans lo jo ne l'èm' vu l'vet,
" Et nat ovreige à fà quan j'songe et m'renvaillet.
" Quan j'dis q'l'ovreige à fà, ç'à perfà qu'i faut dire
" Cà quan lo jo pérait, et qu'l'et tindu let l'mire ;
" L'étain, come in ergent, brille su lo drassu ;
" Nat ômâre à pu cliair que lo pu fin melu,
" Jémà n'y'et dans let chambe airanteules ni métes ;
" Évà tant d'propreté l'écomoude nas bêtes ;
" Que d'jo dans let jeuilnire, on ne treuvreu me in tron,
" Et q'les ieux recueillis sont pu blians qu'ein obçon :
" Com su let tauille enfin, d'vant let veche i fà proppe,
" Et dans l'auge des pchés les gens menjrint let soppe.
" Mà se v'evins tâyet de let çou qu'elle fà !
" Evà

" Évat in poû d'bacon l'à m'liou qu'évà d'let châ;
" Et quan, de set féçon, j'â de let fricaissâye ;
" Et fouche de r'lachet, mon essiette à r'lévâye.
" Mà pâlans don lateige. Ah ! mordieu, ç'à tolet,
" Que de d'gatet chéquin, l'et treuvé lo secret.
" Et, maugré lo fouraige, et maugré let jallâye,
" Set crême à, dans l'uver, douce com au mois d'Mâye.
" Ausset des boins Merchans l'et tojo les preumins ;
" Çà, d'in quart-d'oure au moins, i sannent ses gayins.

" Les Mésouéges que sont deier let Citôdelle,
" Les çous don Pontieufreud, les çous don Champ-et-Seille,
" Ne sont me mieux tourchés que lo sont nas jédins ;
" Des légumes, des fruts, ç'à por nos les preumins.
" Aux soins de met Fanchon je d'vans ces évanteiges ;
" L'at ébile et sévante en tortos les ovreiges.
" Rewateux met cheminche, a-t-elle bèle ou non ?
" Eh bien ! v'let mes émins, let teulle de Fanchon.
" Se j'voleus let mériet... mà je n'en sus wà pratte ;
" Déjèt cinq ou chix fois j'à beillet let caissatte ;
" Je n'let pliessrà jémà que dans eine môjon,
" Où n'y'éret tot au pu que lo peire et l'guéchon.
" Met Bàcelle à si bèle, elle plià tant aux homes,
" Qu'elle s'reût malagrouse où qu'il y'éreût des fomes :
" Meire, bru, bèles-sieus, érint lo quieur jaloux,
" L'enveye les rendreût pi que des loups-gairoux ;
" Et, maugré ses vertus, Fanchon persécutàye,
" Demandreût d'ète moùte, ou bien demériâye ;
" Les chégrins et les maux li vienrint pet troppés.
" Tandis qu'en in meneige où n'y'éret q'des chaipés,
" Fanchon, tojo fétâye, et tojo let mâtrasse,
" Surpess'ret en pliagis let pu grouse mârasse ;
" Ç'at en let, mes émins, que je vieux let pliessiet. „

═ Per ma foy, cosin Chan, vât effare à tosset,

Li dit, d'in ton pliageant, lo jaioux let Cornâye,
Et chéquin, j'en sus chure, épreuvret met pensâye.
Val et coté de vos lo compeire Poûaré,
Qu'et chanté po set fome in boin *Dies iræ;*
Et sot fet qu'à tolet, Fanchon convienreut beune,
I n'ont ni sieus ni bru, ni meire, ni coseune,
Je creu meime qu'i n'ont que des tot p'tiats pérants;
Et, je l'dis devant zous, com ç'à dous grands trouants,
Po conservet zous biens i lou faut eine fome,
Que seut com let coseune; et ve n'ateu me ein home
Et let mériet sans biens. Alons, mâte Gliaudat,
J'let demande por vos... === " Coment, cosin Pierrat,
" Dit vivement Heurlin! qu'é diâle vos comande
" De fâre, au nom d'ein aute, eine tèle demande?
" Je creus, cosin Pierat, que te m'vieux bédinet. »
Gliaudat Poûaré creyant que Chan vieut so fochet,
Li présente et chaquet; et, d'ein âr in poû beite,
I me vient, dit-i, Chan, in dessein dans let teite,
Et Pierrat let Cornâye et ma foy bien rajon,
Varte feille, en tos points, convient et mot guéchon;
Ce s'reut d'l'oneur et nos se v'l'exceptins po genre,
Mà l'â s'peux que jémà Fanchon n'on vouret panre.
" Let peutraye n'â rien, li répond Chan Heurlin,
" Et cou qu'en bédinant propouse lo cosin,
" N'à qu'ein oneur por mé se v'éprouveux let chouse;
" Vos séveux cependant qu'in guéchon qu'on propouse,
" Deut s'évanciet lu-meime, et veure s'i pliâret;
" Chéque chouse et so tems, et que vecret veuret. „

Let Cornâye, et cès mats, woyant qu'in bédineige
Pieut produre, et let fin, in four boin mériege,
Aleut encà pâlet, quan lo prudent Heurlin
Pense en lu que l'à tems de perti po Vremin,
I s'leuve, prend congé de tote let chambrâye;
Et sourt écompeignié de Pierrat let Cornâye.

" Cosin, li fà Pierrat, aussi-toú qu'i sont fieux,
" Po mériet Fanchon qu'é q'ç'à don que te vieux ;
" Se lo Galant â peux, se l'â rossiaux et beite,
" Eh, mordieu ! po payet let coleur de set teite,
" L'et po vingt mil frans d'biens, s'entend sot peire & lu.
=== Ç'à bécou, fà Heurlin ; que ne l'a-je saivu !...
Treuvienreu-te in mayen de r'comanciet l'effare?
=== Coment let recmanciet ? vieu-te mo leyet fàre,
dit Pierrat ; et dà d'main, je su dans tet mòjon,
Evà les dous Poûarés po demandet Fanchon.
Se tai Fome y consent, ou beun se tà lo mâte,
Te picux comptet let d'ssus ; ç'at eine chouse fâte.
=== Alons, je t'étendrà, dit lo ruset Heurlin ;
Et demain let Cornâye. === Et demain mot cosin.
I so quittent. Pierrat rejoint set compeigneye:
Les vlet com. de pu bèle et pâlet d'let mégnieye.
Chéquin dit au Poûaré que s'i pieut l'époset,
Ce s'ret in gran bonheur, et qu'i n'pieut mieux treuvet.
Gliaudat dit et sot fet : vieu-te que j'let d'mandeusse?
Lo Rossiaux in moment demarre tot réeusse,
Sot v'seige évà set teite et let même coleur,
Po let premire vaye i sent bette sot quieur,
L'anmor li fà tot d'chutte, en chôliant dans ses wênes,
Desiriet les pliagis que causent tant de poênes ;
L'en pérait in moment et moins beite et moins peux,
Et meime set cueullatte en teint déjèt bien mieux,
Peire, come i v'pliaret, dit-i ; je le vieux beune :
De Pierrat bien v'lanti j'eposrà let coseune.
=== Bien v'lanti, dit Pierrat, féyant lo renchéri,
Te n'àmes dégoté ; que n'en atte chéri,
Devant qu'i seut treu jos je finireus l'effare,
I n'y'éreut ni pérent, ni Queuré, ni Natare,
Que pourint de Heurlin chenget let volonté,
Quan je l'y direus, Chan, eccepte lo Poûaré ;
Et quoi qu'je n'seus cosin que don coté d'met meire.

D 2

I m'ême com in freire, et mo creut com in peire,
Et set fome et por mé les meimes sentimens.
Eh bien! li dit Gliaudat, san tant de complimens,
Demain jusqu'et cheu zous voleu ve nos condure;
Se mot fet lou convient tot d'chutte i faut conclure.
Let Cornaye y consent. Lo londemain métin,
En hébits de Dieumanche i s'en vont et Vrémin.

Heurlin pliein de l'espoir que li'et d'né let Cornaye,
S'et occupet causi let mointié d'let nutaye,
Et prévenin let d'ssus et set feille, et Ginon:
Let tot d'chutte évu l'aiveu de set Fanchon,
Let chouse n'eime étu se vitte évà set fome,
Ç'â po let dessidet de rcieure in si peut home,
Je creus que sans rien fare in Saint l'éreut preuchet.
Ç'â pet les cent jornaux que Heurlin l'et tochet.
En songeant que c'ateut eine bonne moitrasse,
Et qu'in bé jo set feille en sereut let matrasse
Ginon et consenti: lo bien et tant d'étraits.
Heurlin ateut content et set feille et pou près:
Elle espéreu d'alet dans in riche meneige,
Tandis que s'on saivint qu'elle n'éme étu seige,
Péchoûne n'en voureut. Set groussesse évanceut,
Márice ateut perdu. Qu'et qu'elle devienreut?
En exaiminant tot let poure natte pense
Qu'elle et dans sot mâleur ença bien de let chance.

Vâ-ce les dous Poûarés et zout ambessadeur.
Let Cornaye en entrant d'en air de bonne humeur,
Embresse en boin pérent premirement let meire,
Enchutte let bacelle, et pu pâlant au peire,
V'let, dit-i, les Poûarés que j'viens vos présentet.
Heurlin honeitement lou dit de s'essieutet,
S'en và trare don vin, et fâ rinciet des wéres,
Fanchon vâ lou cherchet don fromeige et des poéres.

Chequin so mat et taûille ; au bou d'in ptiat moment,
Let Cornaye et Ginon édrasse in compliment.
« Sara, dit-i, Cosenne, en sot longe meneige
« N'eme évà vatt mérite évu vatt évanteige ;
« L'éveut bél aimet s'n'home et l'éprachet sovant,
« N'ayant pu maugré çlet procreiet ein affant,
« L'et fallu qu'set aeumjalle en fayeusse por laye ;
« Et vos tot aucontrare en fouyant let droulraye,
« V'éveus treuvet su l'chan, çou que Sara chercheut.
« Mà portant et let fin com lo Seigneur l'émeut,
« L'et permins qu'et cent ans Sara deveigne meire.
« De l'affant de miraique Abraham ateut peire.

« In bé jot, lo boin Dieu que voleut l'épreuvet,
« Et v'nin li comendet de lo saicrifiet,
« De son affant chéri, l'aleut coupet let teite,
« Quan l'Ange don Seigneur que n'ateume eine beite,
« Et retenint lo cóu en li haipant let main ;
« De Dieu, come Abraham, écouteus lo dessein.
« Évà permission don Saint Patron don Vleige,
« Je viens vo demandet Fanchon en meriege,
« Po l'unique guéchon don Compeire Poûaré,
« Po Chalat qu'à d'lé vos : lo galant n'âme bé,
« Mà l'à riche, honeite home, et ç'à çlet que j'm'en mâlle;
« Alons, Cosenne, alons ; eine bonne péralle. »
J'y consens de boin quieur, li dit-elle en brayant ;
Gliaudat, Chalat, fat-i, leveu-ve dans l'instant,
Et présenteus let main en seigne d'ailiance.
Ginon recieut zous mains, et Chan Heurlin s'évance,
Les recieut et sot tô, et dit come Ginon ;
L'évint b'san po finir de l'aiveu de Fanchon.
Let Cornaye que vient de réfrachir set langue,
Po let déterminet li fà cette hérangue :

« Lo mériege à saint, Cosenne, et de tot tems

" Lo Ciel et prepéré lo çou de ses affants,
" Ç'à po çlet que sóvent eine bacelle honneite
" N'épouse met lo çou que li'et torné let teite.
" Ve n'âteu-me en ç'cais-let ; si jémà lo démon
" Eût chofflié dans vatt quieur in fu de set féçon,
" V'érins pet let priere et let grande ebstinence,
" D'in fu si dangeroux cailmé let violence ;
" Et de Chalat Poûaré se v'exauceus les vœux,
" L'à chûr en v'éposant de panre in quieur to nieux ;
" V'érins de vatt coté lo rare privileige
" De treuvet dans vatt home in pérail évanteige ;
" Au nom de Saint François, dejeus vas sentimens. „
Je n'vrame, dit Fanchon, dédire mes pérens.
Son aiveu renjaït tote let compeignieye,
Et Chalat en trembliant rembresse let megnieye.

Ginon, dit Chan Heurlin, éprateu-ne et d'junet,
Ç'at aujord'u lo cas de nos bien régalet ;
Envayeux in ptiat droûle éverti lo Werhaye
De v'nin et let môjon su let fin d'let jonaye,
Po pesset lo contret, et nos tot en bovant
J'allans convnin des biens, des meubles, de l'ergent
Que chéquin d'nos beill'ret et set progéniture,
Et reglet les joyaux et les dreus d'let future.

Heurlin, li dit Gliaudat, mot quieur à su met main,
Je s'rà tojo lo meime aujord'u com demain ;
Let Cornaye et d'l'esprit austant que les Natares,
Beillant li lo pouvoir de réglet nas affares :
Je m'en répoûte et lu, voleu-ve en fàre austant ;
Per ma foy, fàt Heurlin, je su d'vatt sentiment ;
Bovans, Cosin Pierrat, & récheuveu l'ovreige.

Let Cornaye, évaleut in moché de fromeige,
Po vitement lou i'ponde i s'et causi toffié,

Et sans in grand trâ d'vin l'ateut ma foy tranlié.

« Je su flietté, dit-i, de vatte confiance
« Et je vâ v'éranget ti dous en conscience.
« I faut premirement qu'et Chalat sot guéchon
« Gliaudat dans lo contret feyeusse l'ébandon
« De tortos ses biens fonds, meubles, treyins, meneige,
« Et let condition que Chalat s'ret bien seige,
« Et que.. „ ═══ Comant, li dit l'impotient Gliaudat,
Compeire, de mes biens t'âs dialement peuillat:
Je vreux su mes vieux jos mo matte en l'indigence.
═══ "Mâ, répond let Cornaye, in poû de potience,
« J'â po d'mandet let chouse eine bonne rajon;
« Com tot fet to werdret tojo dans let môjon,
« Te veureux tots les jos set bèle jaïssance,
« De set fome por lu, l'enmor, let compliajance;
« Lo sovni don vièux tems, l'imaige don pliagi
« Pourrint bien renvailliet tot quieur fliage & hési,
« Et t'inspiret bientôu let satte fantagieye
« De panre ausset po fome eine janne megnieye,
« En conservant tes biens te pourreux let treuvet,
« Et j'érins lo chégrin de t'veure remériet;
« Et pu dà que ton s'reus peire, fet, bru, marâte,
« Chéquin dans let môjon voureut eite lo mâte,
« Ve ve sépérerins, tet fome en t'endreumant
« T'épagnereus lo soin de li fare ein affant.
« In janne Grand Valat fereut por té l'ovreige,
« Et te s'reus let rissaye et let fliove don Vleige:
« T'en creuvreus de chégrin; et pu des ptiats larrons
« S'en vienrint dans tes biens panre zous pourtions.
« Ce s'reut, po met cosenne, eine four bonne évance,
« Et je li'ereus fâ fâre eine béle ailiance.
« Po t'épagnet des maux, po conservet tot bien
« T'en ferez l'ébandon, ç'â lo meillou mayen.
« Mâ, mon émin Gliaudat, te n'on feré-me en beîte,

« Efin d'éte tojo tratiet com te deus l'eite ;
« I s'ret dit qui t'payeret de chix mois en chix mois,
« Po lo prix de tes biens dous cent bés frans tornois ;
« Eh, mordieu ! ç'à ehlet, Compeire, qu'on s'érange. »

— Ma foy, li fâ Gliaudat, t'é pâlet com ein ange ;
V'let mèt main, j'y consens ; su ç'let com ve penseux,
Chéquin boit d'in grand quieur in trât de vin d'Osreux.

« Cosin Chan, dit Pierrat, mo vasse & vatte effare,
« Ve woyeux po sot fet çou que Gliaudat vâ fâre ;
« Eh bien ! et vatte feille, évà sot ptiat beutin
« Ve beilreux treus mil frans » — coment, li dit Heurlin,
Treus mile frans contans ! si ç'âteut en biens, pesse.
— « Allons, reprand Pierrat, ne fâme le jeanfesse,
« T'en é pu d'let mointiet , lo reche so treuvret.
« Mà sans ç'let te veurez tot genre so rûnet ;
« I sereut dans dous ans lo pu manre don Vleige,
« S'i n'poleux renovlet sot trayin d'laboreige.
« L'ont des chevaux dalants qu'ont poine et p'tet zous fés,
« Let grige, lo houza, lo blian, les dous varnés,
« Enfin jusqu'au ronssin sont teilement hérattes,
« Que les Cossons d'Cheuby les potrint su zous hattes ;
« Lo reche at et l'év'nant. Tiens, Cosin, l'ont dous chés
« Que n'ont pu ni jaljons, ni pirches, ni feusés ;
« Zous hirpes sont sans dents , zous chéraues sans sâque ;
« Zous hernets sont si peus que tot chéquin s'en mâque.
« Coites chaudrons breulés, heurs come des crémaux,
« Compousent let vaichelle évà cinq ou chix gros ;
« L'on don linge !... ma foy ce n'à que des frépauilles.
« Creureutes qu'en tot tems l'ont chis jos po chix pauilles ;
« Zous vaiches n'ont q'let pé, & cheus zous in cachon
« N'étan-me po creuvet que l'aye lo scuyon,
« I creuve de let faim. Dans let mointié d'zous champs,
« Les ronches pet les pieds airétent les pessans.
« Zous

« Zous blieds sont tojo pliains de cherdons, de truattes,
« Et zous prés de rabieux, de mosse, de vaichattes;
« Zous jerdins au bahou sont sovent révaigés,
« Et po les pétéres zous arbes sont pliantés.

« Dans torto çou qu'j'â dit i n'y'eme eine imposture.
« Compeire, je sus vrâ, mà ce n'ame po nure,
« Des maux que j'â fâ veure au Cosin Chan Heurlin
« Ses écus s'ront lo r'mède, & Fanchon lo Méd'cin.

Ç'â çlet, dit Chan Heurlin, je consens et let chouse,
I faut fâre, ma foy, torto çou qu'i propouse,
I s'érange se bien que l'et tojo rajon.
Et ces mats lo Werhaye érive et let môjon,
Chéquin s'leuve et l'instant, et fâ feite au Natâre,
I Prend pliéce ; et Pierat li réconte l'éfâre.
Werhaye sait les loix tot com son A. B. C.
Dans les conventions quand l'et mins sot grain d'sé,
I drasse lo projet; com i pâleut d'écrire,
On époute et d'junet. Mes émins, j'allans rire
Dit let Cornaye; Allons, Monsieu lo Tabellion
Eprateus vatt'couté po coupet lo jambon,
I faut en bien bovant lo long de let jonâye
Au tonné don Cosin beillet eine poussâye.
Ma foy, vive let jouye et les hanetes gens.
Complimens d'émitié, propous d.vertissans,
Rendent lo r'pais qu'i font let véritable imaige
Don fechtin que churet. Mà déjèt dans lo Vieige
En saine qu'in Rossiaux vat époset Fanchon.
Chéquin, v'on penseus beune, en pâle et set feçon,
Let novelle en produt eine chouse pliajante.
Il y'éveut et Vremin eine anciénne Teuchrante
Que feyeut m'ti d'allet cujnet dans les fechtins,
Et let vieille Guitton grand'meire des Beutnins
En y'allant ausset gaigneut sovant set veye.

E

Elles se haïssint tos les dous per enveye;
Les vlet, on meime instant, en féyant des grands hais,
Que s'en vont cheu Heurlin po li d'mandet lo r'pais.

Merguette let Teuchrante, éfin d'eîte ecceptâye,
Réconte ses fechtins de let darniere énâye,
Lo çou don Mare Etienne, et lo çou don Maillat,
Don Chéri de Noisfelle, et don Teignon Peuillat.

Ah! pâlans de cit-let, fâ l'aute; je pieux dire,
D'éprès les çous qu'y'atint, que t'â bonne cujnire,
T'lous é fâ des raigouts si doux, si cuts, si gras
Qu'en sourtant d'tauille enfin chéquin feyeut les r'nas.
T'é menti, dit Merguette, évà t'mâton d'galoche
Que và joinde tot né to vis-et-vis tet boche;
Te devreus souët d'honte en entrant cheu les gens:
En te conache beune, et tortos tes affants.
Tot fet prin dans Wemhaut évà d'let contrebande,
Des écrivains su meir et augmentet let bande;
Et tes feilles, grand Dieu! com elles to r'sanint,
Aux guéchons libertiens, dis çou qu'elles pretint.
Ateu-ce des écus? les chiennes, les carognes!
Ausset l'en ont creuvé com des vieilles charognes:
De meime lo Demon t'érëut bientou moch'net,
Se te ne li serveume et nos fâre dônet.

Guitton, et ces doux mâts, tendant ses mains d'aireigne,
Étends, dit-elle, étends, insalente Bereigne;
Je và t'rayet les œils, et te n'mo veurez pu.
L'allint se panre aux crins, quand Chan que hait lo bru,
Mit po les séperet set chire enteur dous-alles:
Que m'et bâti, dit-i, des sourcières pérailles?
Alleus fieu de cheus nos dire vas vérités;
Je n'volans mainget d'vos, ni raigouts, ni paîtés.
I'erat répage Chan évat eine raisade,

Et rit com in peurdu d'eine téle ergairade.
Lo Werhaye et let fin écrit tot en bovant,
Et lo contrait so signe in pou d'vant slat meussant.
Werhaye dans set malle ayant min l'écriture,
Dit qu'in Natare et dreut de bajiet let future;
De let bajiet s'entend, en tot bien, tot oneur;
Ce n'ame in dreut si grand que lo çou don Seigneur.
Let Cornaye et ces mats vude vite sot weire,
Et chante eine chanson que vient de sot Grand-Peire.

   Vlet lo contrait qu'à fini,
   Bajians let future;
   L'épovantreut sot mairi,
   Se l'alleut li fâre in cri.

Bajians let future au gué, bajians let future.
Werhaye en répétant let fin de let chanson,
Bage évà tant d'pliagis lo v'seige de Fanchon,
Qu'en dirint que set boche y vieut d'maret calaye;
Set main que gesticule énonce set pensaye.
Let Cornaye en li d'jant : coreige Tabellion,
Et fayant en janne home in pais de rigadon;
Vos étrepe eine chire, et so flianque per teire:
I so r'leuve en riant et vieut so r'matte et boire;
Mà Gliaudat dit qu'l'à nu, qu'i faut quittet Vremin.
I beillent lo bon soir et Médème Heurlin,
Et li d'mandent lo jot qu'i li pliaret de panre
Po choisi les ébits de set feille et de s'genre.

  Com ve voureus, dit-elle, i m'sanne qu'in Jeudi
At in jot fà po çlet : vlet lo Jeudi choisi.
I conveinnent qu'i faut y moynet let Cornaye,
Et pu Chéquin s'en và bien content d'set jornaye.

CHANT CINQUIEME.

Quand l'home at effectet de jouye ou de doleur,
Don sentiment que l'et, torto prend let coleur:
Chalat ne voit pu rien dans set douce espérance,
Que jus, danse, boins r'pais, et bèle jaïssance;
En songeant au boneur, i creut déjèt lo t'nin.
Fanchon tot au contrare en prouye et sot chégrin,
Et pu que l'tems s'évance, et pu qu'l'à désalaye;
Elle voureut r'queulet let maudite jornaye,
Que let deut po jémà révir et sot Galant;
Ç'à l'oneur que lo vieut; l'oneur à bien méchant!
Mà. qu'en sint dans let jouye ou bien dans let tristesse,
Lo tems n'écoute rien, i cole évà vitesse;
Et ç'à seigement fà que d'en bien profitet.

Lo Jeudi, quand les jaux ecmancint de chantet,
Heurlin s'leuve, et fà l'vet set fome et set bacelle;
L'ovreige que j'évans, n'âme eine bégaitelle,
Lou dit-il; y fauret po corrit les Merchands
Let mointié d'let met'naye; pertans, pertans, pertans...
Qué Cherraue! ma foy, ve ne s'reus jémà prattes!
Ginon en s'degrolant, prend dous treus serviattes,
Cliout l'aumarre, let chambe, et pesse cheu Guitton,
Li r'commandet set vaiche, et torto set môjon.

I treuvent d'lé Grimont Chalat, et let Cornaye
Qu'évint pesset tolet causiment let nutaye:
Po ne les point manquet; ti cinq dans lo moment
S'en vont veure tot dreut, François que les étend.

François évà transpourt embresse ses Coseunes:
Éveus-ve cliout vatt'euche, et framé vas vareunes;

Fàt-i : cà d'aujord'hu ve ne r'veureus Vremin ;
Je vieus vos régalet en oneite Cosin ;
Et Médème Seindru nos fà des fricaissayes,
Que s'ront po des bovous fourt beune essaisonnayes.
Ç'let mà let compeigneie en essez bèle humeur ;
Et treus fois let Cornaye en sent baitte sot quieur :
Vlet, dit-il et Heurlin, in Cosin qu'à bien brave.

Pendant qu'i li d'jeu ç'let, François corre et let cave,
Revient, drasse let tauille ; et Médème Seindru
Let cheirge dans l'instant, et boche que veux-tu.

Allons, lou dit François, bovans mes Caimerades,
Quand j'érans réfrachi de cinq ou chix raisades,
Po gaignet d'vant let sope in novel aupéti,
Je v'rans corrit let velle en étendant midi.
En venant au merché, ve v'en r'torneus tot'chute ;
Ve n'éveus jémà vu ni lo Pallat, ni Mutte,
Ni let Masse aux vialons qu'on chante au Grand-Motin,
Ni let Garde montet, ni Monsieur Erlequin :
Je v'frà veure çolet lo long de let jornaye,
Sans qu'i v'coteuse in sou, et pendant let nutaye
Je ferans let pertaye, en bovant et qui pu.
Cosin, li dit Ginon, torto ç'let ç'at aibu ;
Je ferans mieu d'allet cherchet nas auberliques ;
J'évans et fàre au moins dans quoite ou cinq botiques,
I faut, v'on penscus beune, in to pou merchandet :
Tant pu je serans d'gens, moins on pouret n'trompet.

Coment, répond François, ve creyeus, met Coseune,
Que v'aleus n'enmoinet po trainiet let gayeune,
Tot com des grands nigauds, cheu tot plien de Merchands
Que detoneront l'nez po rire et nas dépens :
Ç'let convient aux coq'gnons, mà nos, j'atans des homes,
Je n'nos málans jémà des efàres des fomes :

Feyeus çou que v'voureus, coreus où qu'i v'pliaret,
Por nos, de natt'coté, j'allans nos en allet.

L'érivent au Pallat; dans let premiere allaye
I woinent au mitan d'eine chambre en-feumaye,
Des gens que palint haut: com i v'lint écoutet;
Ç'let n'vaume, fâ François, lo tems de s'éretet.
Ç'à tolet qu'let Palice évà set voix bairoque,
Prend les sous des trouans qu'n'onment ouï let berloque,
Let Deum'jalle y dispute, et trâte de frippon
Lo Commissare Antoune. Et-elle tour ou non?

En échevant ces mats, les v'let dans let cochelle.
Dous pliadioux s'y feyint eine vive querelle;
Ç'ateut Lieunat de Chieulle, et lo Haizat d'Sanri,
Que pliadint au sujet d'in vieux tac de poiri :
Té, dejeut lo Haizat, té, t'éreus met dépoille;
Je mo macque de té, come d'in vieux tron de poille;
Graipin, mot Pracuroux, t'éret bientou toffié.
Tot Graipin, répond l'aute, at in guerdin fieffé,
In trianlou d'ourphelins, que rit de let misère :
Efin de li r'bolet ses grinfes de halère,
J'à choisi tot exprès lo grand mâte Monin
Qu'at encà pu voleur; et t'érez su l'beguin.

Chéquin rieut tot haut d'in pérail tintamare :
Let Cornaye épracheut po répagiet l'éfâre,
Veneus, li dit François, leyeus-les, ç'à des fous
Que s'enreun'ront ti dous, et coups des Pracuroux.
V'let com v'ateus tortus, vos autes gens de V'leige,
Tojo prats po des riens et vos rayet lo v'seige.
Cheus les gens de Pallat ve correus consultet,
I choffeillent lo fu po pleure en profitet;
Et tant que v'lou pourteus fruts, lateige, voleilles,
Vas adverses peurdront; ce n'â que des caneilles :

En beillant vas présens, v'évaleus lo govion;
Mâ quand in boin Airrêt vos mat et let rajon,
Que po payet les fras d'eine maudite éfâre,
On ne vos là causi que vas dous œils po brâre;
Aux cris de vas affans, les Pracuroux sont chods,
I grugent vas pérails, et so macquent de vos.
Que de bêles mochons dans zous grinfes sont chutes!
I vaureut don bien mieux, quand v'éveus des disputes,
Po satises, hayenne ou rajon d'intérêt,
Ressembliet vas émins dans in boin caibèret,
Expouset devant zous per in récit sinçare,
Lo sujet don procès que ve voleus vos fâre;
Ve veureus que bientou let jouye et zous aivis
On chemin d'let rajon rematront vas esprits,
Et lo weire et let main sans fiel et sans malice,
Ve vos récomoudreus en vos rendant justice.
Tèl à tojo l'effet des Airrêts de Baiccus.
I faut layet pliadiet les çous qu'on trap d'écus.
Veneus veure au Pallat, com évà d'let finance
In riche, quand i vieut, fà palet l'élouquence.
I lo chuvent, les val entrés au Parlement.
Lo Pouâré, Chan Heurlin, let Cornaye, en entrant,
So sentent pénétrés don respect lo pu juste
Et l'espect impousant don Tribunal auguste.
Sans doute qu'en li d'nant set haute autorité,
Lo Roi dans son ensanne et min set Majesté.
Dous Aivocats pliadint com s'i v'lint so détrure;
Lo pu janne des dous teneut de l'écriture,
I lijeut don françois entremâlé d'létin.
Çolet feyeut bâillet let Cornaye & Heurlin;
Et François de so mieux lous expliqueut l'éfâre.
L'ateut esset pliageante; i s'agisseut d'in Mare
Que v'leut forcet lo Préte et fornir in Woiré:
Lo Préte, en convenant que l'ateut lo Queuré,
Dejeut qu'i n'en éveut causiment que lo tite,

Que les dèmes atint les treus quarts au Chaipite,
Et que perconséquent lo Chaipite lo d'veut.

Let Cornaye treuvant que lo Préte éveut dreut,
Je su beune étonné, dit-i, que des Chalounes,
Po fornir in Galant et des beites et counes,
Se font héchet lo nére, et veuillent contestet :
Lo Parlement let d'sus ne les deume écoutet ;
I sait qu'en cent endreus i fornigent des mâles.
Let cause et étu r'minse : et l'Aivocat de Prales
Et débétu let çou d'in Seigneur impourtant
Que v'leut chessiet set fome, et r'nayet in affant
Que let Dème éveut fà pendant que l'ateut en gueire.
I d'jeut que de l'affant i n'ateume lo peire ;
Que pendant trente mois, et cent lieues de cheu lu,
I preuvreut qui n'éveut quittet ni jot ni nu
Lo brave Régiment qu'en dousième i commande ;
L'éveut de boins tamoins eine essés grousse bande.
Eh ! que font les tamoins d'lé l'esprit féminin ?
Eine fome en malice étrepreut in lutin ;
Et sus l'ertique-let sovent let pus oudile
Confond pé ses mayens l'home lo pus haibile.
Ç'à vrà, dejeut let Dème, et mon home et rajon,
L'et étu trente mois fieu de natte mòjon ;
Mà je l'aimeus l'ingrat évà trap de constance,
Po pleure suppourtet eine si longe ebsence.
In jot que j'ateus nante et fouche d'awet brâ,
L'enmor dit : và lo jointe ; ah ! sansdoute j'y vrà,
Répondis-je et l'enmor : mà, que direut l'ermaye ?
D'eine corrasse, helas ! j'érà let renomaye ;
Pieus-je coichet let chouse en mo bien déguijant ?
Pernant des ébits d'home, et lo nom d'in pérant
Que mot Méri posséde au fond de let Breteigne ?
Evà lu herdiment je pess'rà let campeigne.

Je coiche et tot chéquin lo bé dessein que j'â ;
Je pars, et mes émins je dis que je m'en và
Bien long dans in Covent, dont l'Aibesse at met tante;
Ma je vole et mon home, et j'érive et set tente,
Fringante et bien montaye en ébit dé caidet.

Je fâ dire et Monsieu que lo janne Kerdet,
Sot cosin de Bréteigne érive, et lo demande.
I vient eccompagniet d'eine esset grousse bande
D'officiers curioux de veure in nové v'nin.
Miraique ! mo méri mo prend po so cosin ;
Et chermet de montret et tortot let noblesse,
Qu'en sourtant de l'ecoule, et maugré set jannesse,
So cosin vient charchet let glioure, et lo dangé,
Et cinquante officiers i beille in grand sopé ;
En m'on fâ jusqu'au bout les honeurs de let feite,
Sans que je pleusse awouet lo moindre teite-et-teite.
Et lo sopé finit, mon home galament,
Dit que je v'râ couchet dles Monsieu Saint-Amant ;
Ç'âteut in officier, janné, élégant, aimabe,
Et je poveus fourt-bien, sans mo rende coupabe,
Profitet de l'erreur, et fâre de s'n'éveux,
Mon home çou que sont... pé respect po Messieux,
Je ne vieume au Pallat, dire eine impertinence.

Et mon home en secret, je demande audience;
Je l'obtiens, je l'embresse, en montrant qui je sus ;
I demarre in moment immabile et confus;
Épus livrant sot quieur au penchant que l'entraîne,
Ses transpourts ont étu tot près de let dozaine,
Je n'â vu de met veye eine si bele nut.

Pendant in mois to plien j'â restet delés lut,

F

Pessant po lo cosin, tojo bien déguijaye ;
Et je pieux dire ausset tojo bien cairessaye.
Dieu sait seul, et nas dous com in s'en et beillet :
Ç'à tolet qui m'et fâ l'affant qu'i vieut r'nayet ;
Et porqué lo vieut-i ? po fourcet let justice
De preutet so secours et set neure malice :
L'et prin po set maîtresse eine fome sans nom,
Eine devergondaye, eine franche guenon,
Qui de tote féçon lo mégrit et lo rune :
Je vieux qu'i let chesseusse, et v'let çou qu'l'importune.
V'let mot crime, Messieus ; ç'à po vive en vaurien,
Qu'i mo route lo nom d'eine fome de bien.

Po les lois et lo sexe, énimet d'in bé zèle,
Les Juges en riant d'eine fliauve se bèle,
Ont fâ gaignet let fome ; et l'home com in sat.
Paye encà les dépens, en pessant po çou qu'l'at.

Aiprès l'Airret rendu, nas gens s'en vont bien vîte,
Po veure au Grand-Motin se let Grand-Masse at dite.
Lécornaye en chemin blieme lo Parlement ;
V'let, mes émins, dit-i, in maudit jugement :
Eine fome pieut donc vos mâte su let teite
Lo bonnat d'in boquin, que s'en vat et let heite,
Sans qu'i vos seut permin de venget vatt'effront ;
Vos penreus maugré vos les affans qu'en l'y front.
Les fomes au palas ont in dreut beune étrange.
L'Aivocat de let Dême et pliadiet com in Ange,
J'en conviens ; l'et montret qu'in tourt bien défendu
Vaut mieux lo pu sovent qu'in boin dreut mau sot'nu.

L'errivent au bé Tempe, où let Majesté sainte,
Imprime aux vras Chretiens lo respect et let crainte ;

Tandis que permi zous de jannes élégants,
Pâlent sovent tot haut, font les impertinents;
So pévenent devant les bêles qu'i cortisent,
Et font tojo mépris des çous qu'i scandalisent;
I devrint d'maret sty, l'en érint pu d'oneur.
François condut let bande et let grille don quieur;
Ce n'àt que de tolet qu'on woit beun lo service :
Com il y'éveut' long-temps qu'en attint et l'Office,
Pendant qu'et louët Dieu, les Chantes so tranllint.
Epayés su zous Staux les Chalounes dreumint.
Vlet Chalat permi zous qu'épercieut in bosêque,
Woyant qu'ç'à lo pu gras, i lo prend po l'Evêque,
S'éprache de François, et li dit eu douceur :
Cit-let qu'et treus mâtons, n'meu don, ç'at Monseigneur?
François rit dans set barbe, et répond : que t'âs beite;
L'Evêque au grand-motin, ne vient qu'in jo de grand'feite
Mas li vient po beillet l'exempe et let leçon;
Ce n'âme in gliarioux, ç'at in chef sans féçon;
Ç'à portant in Seigneur d'let pus haute naissance,
Set môjon â quausi let douzieume de France;
L'et les vertus d'in Prince, et les çous d'in Preulat,
Let grandou so décoiche en tortot çou qui fât.

Chalat tot ébaubi, creut qu'i fàt des miraiques
I lo mât dans so quieur, au rang des Saints Evêques;
Et so sentant por lu plien de dévotion,
I voureut beune awouet set bénédiction.
Ma let masse â finie, et lo cosin tot'chute
Les moine su let tot, po lou montret let Mutte,
Et quand l'on édmiret ço superbe véché,
I gripent herdiment au douxieme queuvé.
Eprès qu'i sont d'chandus, et que l'ont su let Pliesse
Vu fàre let Pérade, et pesset let nobliesse;

Mes émins, dit François, l'â l'houre où tot chéquin
Charche po répéchit let fortune don t'pin,
I nos faut vite allet panre let çou don naté ;
Cà Médème Seindru qu'â tojo si tou prate,
Mo vâ fâre en rentrant in terribe traiyin ;
J'en érâ beune austant, éjoute Chan Heurlin,
Ginon mo tranlieret: Messieus, dit Lécornaye,
Ç'at let sope et m'névis que s'ret ma foy tranliaye,
Cą peuchoune de nos n'éret let gâle aux dents.
I so trompint tortus dans zous pressentimens ;
On ne songeume et zous ; les b'zagnes échetayes,
Evint fat roubliet tortos les fricaissayes.

Come l'attint te prats d'entret dans let môjon,
I treuvent let Seindru, let Heurline et Fanchon
Que sourtint: Eh, Messieus, lou dit let Gouvernante !
Vos val; et per malheur eine éfâre pressante
M'empeche de vos r'cieure, et çou que m'fâ foch'net,
Ç'â que j'n'âme évu l'temps de vos fâre et d'junet ;
J'â renvayet Monsieu menget let sope en Ville ;
Et j'allans maintenant dans let raue Mabile
Moinet cheu let Durand, Méd'moinselle Heurlin
Po fâre ses ébits ; i s'ront mieux qu'et Vrémin,
Et déjet d'main metin lo çou d'nasse a'ret prate.
Dans lo garde-menget ve treuvereus don rate,
Des réches de raigouts ; ve freus com vos poureus,
Lo seur ve sop'reus bien: au reveure, excuseus.

Des réches, dit François, les fomes sont fayayes,
Quand elles sont éprès zous maudites droul'rayes,
Qu'i s'égit de ribans, de coëfures, d'ébits,
Tortos les possédés f'rint d'lé zalles des cris,
Qu'i n'lés pourrint d'ranget : i faut tot uniment,

Au lieu de nos fôchet d'in tot impertinent,
En rire et vos moinet repairet let satise,
Vis-et-vis Saint Arnould cheu le bêle Louise.

Ç'àteut in caibéret, où les borgeus friants,
Po de bonnes rajons, allint de temps en temps.
Lo mate at in boin diale et set cave excellente ;
Mà let fome sur-tout at fourt intéressante ;
Cujenire perfate, et d'in esprit pliageant,
Vive com in salpète, et farme com in gliand,
Joignant au pu bé sein let teille let pu riche,
Eine crope de cérf, eine jambe de biche ;
Ausset quand l'so beicheut po quésanciet so t'pint,
Evà tant de pliagis les guechons let r'watint,
Que sans les gens ressus l'erint broulliet les sauces.
Evà clet héïssant les fomes que sont fausses,
N'émant que les chépés, riant et chéque mat,
Et tirant joliment l'ergent fieu don gossat.

Nas homes en entrant sont mengés de cairesses,
Chan Heurlin n'et jémas tant vu de politesses.
Messieurs, lou dit Louise, entreus su lo devant,
Et dejeus me vas gots, ve s'reus servis su l'champ ;
J'évans des bés barbeaus, don saumon, des gravisses,
Dous regnons et let brache, et des bonnes saucisses,
Des dînons, des polets, çou que v'sérins d'mandet ;
Caitiche, allons, bolians, faut-i vos commandet ?
Mateus quoite couverts, et que tortot seut prope ;
En étendant, Messieus, je và drassiet let sope.

Dans in olin d'œil ç'à fâ ; les v'let que sont servis ;
De let honté don r'pais, i sont tortus révis ;
Et chuvant vivement let faim que les inspire,
In grand quart-d'houre au moins i mengent sans rien dire.

Com lo vin comanceut de les fâre jasiet,
Dous borgeus délés zous, s'en veignent so pliessiet;
L'inque at in sergent d'Ville en ébit d'ourdonnance,
L'aute at in vieux routier, runet pet let bombance;
Qu'et l'ar d'in franc ivrogne et ses éjustemens :
L'et in chépé dentlet pet les s'ris ou lo temps,
In vieil ébit réset don let doubliure en frange
Eccompègne four bien treus pieces en lozange
Minses su lo devant, que n'et pu qu'in boton;
Mà l'sergent en revanche en et plien lo maton
Qui d'écourt éva s'nez de coleur de petrave,
Énonce aux boins bovous, lo bovou lo pu brave.
Tot'-chute et Lécornaye i poute let santé.
Et cit-let li ripouste évà vivacité :
V'àteus, li dit l'ivrogne, in boin Mâre de V'leige,
Ç'à ma foy beune agié d'on veure et vatt'veseige ;
Je v'connas ma foi beun', veu d'mareu d'va Corny?
Nian, répond Lécornaye, et je d'mare è Vany,
J'y queultive lo bien de monsieur de Lérune,
Lo praqueroux de Metz qu'et let pus grand' fortune,
Tot chéquin lot connat, çat ein homme de bien,
Lu ! dit l'ivragne, oh ! nian, ç'àt in duche chrétien;
Des gens qu'ont des procès let tout prins let dépoille ;
Et j'voureus de tot m'quieur poveur li chantet poille,
J'a tojos don pliàgi, quand j'étreppe in fripon
Et l'tratiet, comme in jo, j'a fat d'monsieu Gripon,
Lérune at inqua pis, et tos les jos je r'grette
De n'lawouet pu treuvet, po 'l'tenin d'zo mé pette,
Couch'tot, r'prend lo sergent, tà tet langue, et bovans,
Tés roubliet, je creus, qu'Léruné at d'mes pérans
Qu'làt connu tot pertot de d'peus Metz juqué Rome.
Por in fin praqueroux, et c'quàt d'pus, honnête home,
Aux boins sargents d'let velle y vaut mieux l'compérèt

Ç'at des brauv's gens cétlets, surtot au caibéret
Replique austout l'ivragne, en évalant so wouerre :
Je voureus portant beun lous y d'cliaret let guère
J'a d'sus l'quieur tos les tourts qui font dans let cité.
On m'creuret si lon vieut, mas ç'at let vérité :
On les paye essés mau po fare let palice,
J'en conviens éva vos, mas je l'dis sans malice
Y treuvent lo secret d'érondir zous guézons.
S'name éva les soudarts, ou zous peutes guênons,
S'name éva les souillons que corent les rouelles,
Ç'at éva les lajoux des bèles demoinzelles
Qu'ont cheux zous bien cherment des quèbinets guernis
Où tos les libertins vont charcher des r'pentis,
Ç'at enlet qu'les sergents so font de bonnes rentes,
Zous gaiges sont triplés pet les fomes galantes.
Mas s'name inqua mointié de zous boins rogatons,
Les pus beis d'zous reuv'nins sont des tos de batons.
Je ne pale met des sous qu'on r'çieut sus les épaules,
Ç'a les hézas don m'ti que d'awouet des coups d'gaules ;
Je vieu palet des dreuts qui leuvent sus les jus
Que lon joue en coichatte aux tripats deffendus,
Des boins repès qui font cheu tos les oubergistes
Aussé jémas y n'sont natés sus zous registes
Ç'a let mêmie aux quéfés, on les trâte en seigneurs
L'ont let tasse gratis, lo brand'vin, les liqueurs ;
Dans tots ces endreuts let y r'ceuneut qua let pièce.
Lo méti d'in sargent vaut let pu beile plièce.

Dans tot maudit recit je n'tame interrompu,
Dit l'sergent, mas répond l sourcier de malotru,
N'as'mé zous que sovent te remplinent let panse,
Et de tes boins gueultons que payent let deupense ?
Y t'convient beun ma foi de fare lo gliarioux

Ç'at pitié que de t'veur maudit chin de héch'roux,
Tot aus'bien, nas'mé té que j'peyans po n'instrure
De c'que s'pesse aux taudis où t'freus paoue en peinture ?
— T'en es menti cent fois, dit l'ivragne en bovant,
Ç'at des goujards com'té que l'on y wouet sovent.

Lo sargent è ces mats, tot boillant de colère,
Sus l'champ come in furioux li jette au nèz so wouette ;
L'ivragne nayet d'vin, et berboillet de sang,
So leuve et vos li flanque in grand coup d'pied dans l'flanc,
Et pus, come des woirés écheuvant let dispute
En s'gugnant, *patatra*, val' let tanille qu'at chute ;
Les pintes et les pliets roulent sus les pévés :
Verins dit que let chambe atent des lieux privés.
François houye è let garde, et let belle Louise
Brâ de veur que cheux leye on fat péraill' satise ;
Les hernioux sépérés, Louise vieut comptet,
Po so fare payet, tortot c'qu'on et d'brolet :
L'ivragne vos let trate en vra dévergondaye.
Let garde vient ; messieux dit let belle insultaye,
Enmoineus ço vieux let, ç'at in fiéfé caquin,
Que s'permat tos les jos d'insulter tot chéquin.
Let garde au même instant enhonche nate ivrogne
Que jeuriéut, que fochéneut tot en tourchant set trogne.
Nas gens débéresset d'in pérail guernement,
Po s'quelmet tant qui sont d'in tel désagrément,
Font reptet de vin vieux eune bonne boteille.
L'houtasse tot aus'tot l'époute et lou zi beille ;
Ma foi, dit Lécornaye, on woit bien des ch'nepans
Mas citlet mèt péru lo mâte des brigands ;
Je n'scai comment qu'on pieut les veur sans répugnance,
Meinget, boire éva zous, et fare zoute elliance ;
Ç'at, répond lo sargent, in caquin, in fripon,

Po

Let pa]ice en et b'zan po l'meti d'espion,
Ce n'am' dans les brauv's gens, aujd'hu qu'on en rencontre,
Ç'at dans les gens de rien, sans honneur et sans honte;
Po les fare jaseit on les saoule sovent;
J'en rogissant tortus, mas j'saivans d'où vient l'vent,
Y sont les chins corants d'on gibier qu'on étrépe,
Sans zous, bien maugré nos, lo brigand nos échèpe;
Sidsel en at lo chef et lo pu insalent.
Oh! je n'séveum' solet, dit Pierrat au sargent;
Au v'leige on n'éprend rien, j'sus content d'ventende.....
Mas y nos faut songet d'aller r'treuvet nat' bande,
Ç'at beun dit, r'pond François, mas com' de brauves gens,
Y faut aupérévant payet tos nas dépens;
Je m'cherge de tortot, j'a d'l'ergent dans met malle.
Véveu lachet tolet eun bonne péralle,
Dit l'houtasse en riant, je v'tratras en émis,
Ven éveu po cent sous, en comptant les debris.
Ç'name cher, fat Lécornaye, et veu n'pedeus qu'l'étente
De nos reveur cheu vos, tant vateus engaigeante.
Mas, dit Gliaudat Poiré, je n'woues pu nat' Chalat?
Ç'at vat' fei, r'pond Louise, ah, mon Dieu lo pour nat!
Je creus que l'at coichet dezos lo lit d'nat mâte,
Y tremblieut com' let feuille et s'y coicheut en hâte,
Quand j'a pessé près d'lu dans l'moment don sébet,
En criant comme in vé, dépécheus, val qu'on s'bet;
Je vas vos l'émoinet, s'il at iqua dans s'gite.
Elle sourt è l'instant et s'revient auss' vite
Tenant l'paouroux Chalat pé lo pan de s'n'hébit
Qu'ateut plien d'let ouetenne échépaye don lit.
Tot goteut autot d'lu, l'éreut fat paoue au diale,
Y n'poleut respiret et n'rendeut pu qu'in râle.
L'éveut bra, l'éveut fat c'qu'on fat pé tos les bouts
S'let senteut pis qu'les r'nad s ne sentent dans zous trous,

G

L'ateut têl'ment d'gotant qu'on n'séveut per où l'panre ;
Si Ginon l'éveut vu, l'éreut chessié so genre.
Gliaudat qu'ateut hontoux de l'veur aussé fliarant,
Dans let cochelle austout lo condut tot trembliant,
Et tolet d'zos let pompe, éva des tourchons d'peille,
De let tignesse aux pieds il lo chaoue et l'étreille
Po l'sachet comme y faut, i l'et fat mat' au slat,
Et peus l'moment d'éprès y rente éva Chalat ;
On n'éveut jéma vù pu peûte portrature,
In guéchon pu pénau, ni pu satte figure ;
So r'chat senteut iqua, mas ç'ateume lo jasmin,
Ç'n'ateum non pu l'ulliet, let rousé ou l'romarin ;
On li fat boire in coup évan d'playèt bégaige,
On quitte lo sargent et chéquin déméneige.
Nas gens s'en vont tot dreut cheux médéme Saindru,
L'echtomec bien guerni, mas sans awouet trap bu,
Et tortus bien contens d'y retreuvet les fomes ;

 Grace è Dieu, dit Ginon vace enfin tos nas homes.
Aye, s'at nos, dit Chan ; mas je n'woues pus Fanchon ;
L'at r'tonet è Vremin, repond austout Ginon,
Elle n'ateume è s'najé, et com' lo per Guépratte
Perteut dans c'mament let, j'la mis sus set chératte ;
L'at dejè tâ pertans, et r'tornans et Vremin ;
J'évans don temps essés, li repond Chan Heurlin.
Mas, pertans, j'y conséns, j'néram' bezan de crasse :
Au r'veur cosin François ; j'vétendans è let nace.

CHANT SIXIÈME.

Nas gens tot guillerets n'atinment fieu des poutes
Que déjet lo bei s'lat s'coichent déyet les coûtes;
Les oujlions en chantant so r'tirint dans les brous,
Et les chauves-séris sourtint fieu de zous trous:
Les bergis, en jeuriant, feyint rentrer let haite,
Et les tambors de Metz bettint déjet let r'traite !
Quand, tot è coup, Gliaudat rouate déyet lu,
Et wouet so pour rossiau tanet sus l'bord d'in ru;
Tot chéquin core au d'vant et vieut sawouet let couse
Que lo r'teneut tolet; y l'ou r'pond: je mo repouse,
Je n'pieus t'ni d'sus mes fés, et j'aleus m'endremin,
Jecreu beun que d'aujd'hu j'nérivrame è Vremin,
Si v'natinmes venins mo r'leuvet de d'sus l'herbe.
Rouateu donc, dit Gliaudat, qu'ás que let d'sus let berbe,
Ç'at d'let brobe et don sang, faut creure que l'et chu.
Y faut que j'to léveusse, évance auprès don ru.
Ç'a tout dit; mas je n'pieu r'mouèt ni pieds, ni pettes,
Repond Chalat: j'su hadét; j'n'a ni baton, ni guettes;
Je n'sai comment que j'fra po m'trainiet j'què cheu nos,
J'y vra portant je l'creus, mas ce n's'reme éva vos.
Je n'to laram' tolet, r'prend austout Lécornaye,
Quand j'devreus dessus m'dous d'potet tot' let putaye.
Mas sans charchet pu long, tiens prends lo brès de t'pére,
Je vas t'beillet lo mien, t'mercbrez comme in compeire;
Allons, coreige, allons, tachans d'répéret l'tems.
Fanchon, te lo sais beun, n'aime mè les trouans,
On l'enmoine en jambliant, tot trambliant et tot fliache
Y féyeut c'qui poveut, mas y n'ateume et s'nâche.

Per bonneur po tortus l'entendent v'nin in ché,
D'in léborou de Vry que r'veneut d'on merché.
Eréteus in moment, dit l'pliajant Lécornaye,
Ranjeuve in pou, si v'pliat, don cotier de let haye,
Je mattrans sus vat' ché ço poure guéchon-let
Qu'et des maux d'quieur tot plien por aouet trap d'junet.
— Bien v'lanti, deupeichans, faut que j'perteusse vite,
Dans ine houre, au pu tas, faut qu'jériveusse au gite,
Et si s'nateume vos j'éreus chu mo cheumin,
Mas, je n'pieux rien r'fuset au cosin Chan Heurlin,
Tiens! ç'at tet, li dit Chan, on te houye Francisse,
J'te r'vaudras, je t'en r'ponds, ton oubligeant sarvice,
Te dépous'rés Chalat en pessant et Vremin,
Çolet ne déton'rême, entende, mon émin;
E set naçe bientout, on te veuret j'euspere,
Et ty dans'rés, sit'vieus, éva quèque commére :
Sitout dit, sitout fat, on chèrge dessus l'sché
Lo futur de Fanchon, que s'y mât comme in p'ché.

Val les ch'vaux au guelop que longent let grand' route ;
Mas on va veur bientout l'équipeige en déroute.
Francisse, comme in fou que s'reut et l'ébécé,
Queulbute éva so ché dans l'mitant d'in fossé.
Po s'tiriet de tolet y n'séveut comment fare ;
S'n'ateume comme on pense, eune pétiate effare ;
Déjet lo pour Chalat rendeut pé lo gorgeon
Tot c'qu'il évent ouédet de reiche don d'jeunon,
Tant d'eccidents jemas ne sont de bonne augure,
Surtout po in mériet de si manre figure,
Qu'on n'prend que por coichet l'emberét de Fanchon ;
Mas, s'name tosset l'mament de fare in bei sarmon.
Y faut s'mat' è let pleice où se treuvet Francisse,
Jeurant comme in chertier éprès l'dalent jocrisse,

Qu'éveut l'nez dans let brobe et lo courps tot meurtri,
Priant Dieu de tot s'quieur, pensant qu'laleut meuri ;
Mas, per bonheur por lu, tos les gens de set sute
Erivent è l'endreut qu'leveut fat let quelbute ;
Les v'let tortus seurpris et beune épovantés,
Et d'in malheur pérail tortus beun étristés.
Ous'quat don nat' Chalat, demande en trambliant s'pére ?
Grand Dieu ! je n'lo woués pu, y n'ame toüet jespère ?
Lo val, repond Francisse, y name iqua creuvet ;
Mas por le remoinet, ç'at m'ché qui faut r'levet ;
Tantout j'éra l'sébet de mè mère et de m'père,
Ç'at lu qu'en s'ret let couze, et s'let me desespere ;
In mamant, dit Gliaudat, je core au pus presset,
Je vas r'tiriet m'guéchon, et lo mate tosset :
Y traine austout Chalat tot auprès de let haye.
Ginon de l'veur en let ateut époventaye ;
Lo ché remis sus cul, on y réplièce Chalat,
Que n'poveut pu palet, qu'ateut bleime et palat.
Francisse, monte et c'byau, dit austout Lécornaye,
Mas vétans tot bel'ment, tiens beune tet corjaye ;
N'vinquiéteur mè, repond-i, je churas lo dreut ch'min,
Et si je n'cheuyans pus, je sras tout é Vremin.
J'érivrans in pou tâs, dit Ginon désalaye :
V'poureus couchet cheu nos, fat-elle è Lécornaye,
J'évans in boin grand lit que v'pertéj'reus v'lanti
Eva Gliaudat et s'fei, quand je s'rans tortus sti,
Veus s'reus in pou génés ; mas, quas' qu'eune nutaye,
Eva de boins émins, elle at bientout pessaye.

En deuvisant en let au longe don cheumin,
Sans quosi sans dotet l'erivent à Vremin ;
Fanchon les etendeut en breyant devant l'heuche,
Chalat è côté d'leye ateut comme eune embeuche.

Quas'que té, dit Heurlin, porquè que t'nam' cheux nos
J'éveus mau, repond Fanchon, j'mennayeus éprès vos.
Entrans tortus, dit Chan, je r'pousrans et nat âge,
Mas faut veur si Chalat at tojos ausset fliage.
Pernans lo pé les brés comme on et fat tantout:
Y n's'ade mé, morguié, non pu qu'si'l ateut mout.
Evance don, j'to sotnans, ou creurent que tès paoue,
De c'coup set je t'en r'ponds, te n'vreme dans let baoue.
Y n'y pérétret rien quand t'erès beun dremin,
J'allans t'mat enteur nos dans in let d'Chan Heurlin.
Je n'demande mè mieux, j'a trabeun de soffrance,
R'pond Chalat; mas po dreumi, j'en a four let dotance.
Teneume boin si v'pliat, je n'pieu t'ni sus mes pieds,
Y sont comme des batons, on direut qui sont liés.
Dans let maujon portant tot austout on l'entraine,
S'neme étu sans sopirs, l'en lacheut pé dozaine.

En entrant dans let chambe ous'qu'ateut jè Fanchon,
Let tauille ateut drassiayè et dessus don jambon.
Bovans' in coup, dit Chan, éprés j'vrans fare in some.
V'ateus hadès tortus; y faut don r'pous è l'home,
Demain j'pal'rans d'effare, ou n'en pieut fare aujd'hu;
Emmoineut vat Chalat, lo pour nat n'en pieut pu.

En s'quittant, bien jayoux, tot chéquin se souhate
Lo boin jo, let bonn' nut, et so retire en hâte.

Epoine as'qu'on ouyeut l'élouâte guézoillet,
Que déjé Chan éveut quittet son oureillet;
Déjet let pour' Fanchon, pu qu'jéma désalaye,
Eveut, maugré s'chégrin, fat let chambe et l'alaye,
Et set mère éprateut en hâte lo d'junon,
Compousiet de gayin, de chalats et de p'chon.

Bientout vas' errivet les compeignons d'let vaille.
Chalat tot en entrant s'gretteut l'front et l'araille,
Tot comme si s'doteut de c'qu'on li prépéreut.
L'ateut beun ranvaillet, et s'teneut essès dreut ;
On s'beille lo boin jo, pus on s'mat è let tauille,
Chéquin sait c'qu'on y fat, et comme on y guézoille :
Tas mou chançou, Chalat, vès, si j'ateus guéchon,
J'to disputreus, mè foi, let chermante Fanchon,
Dit austout Lécornaye, en li versant è boire ;
T'as morguié né coiffet, t'empoute let victoire
Sus c'que j'évans auj'dhu de pus reiche au pays.
Ne fame lo hontoux, on wouèt mou beun que t'ris ;
T'en ai l'sujet, j'en r'ponds, eune fomme aussi seige
At in rare trésour... E quand donc lo mériége ?
Chan., ç'at è vos d'fixet lo mament fourtunet,
Lo putout ç'at l'méliqux, les envioux vont fochnet.
Chalat les r'dote tant, que l'pour diale en at jaune ;
Faut publiet ses bans l'putout poussibe, au prône.
Ç'at jé fat, repond Chan, comme j'attins écordés,
J'a payet nat' queuré po qui n'sint point r'tardets.
Au motin, veus l'séveus, on n'fat rien sans deupenses :
Mas, j'a treuvet surtout dialment cher les dispenses ;
On pieut s'mériet madi, si tot nat' monde at prat.
Je l's'rans morguié tortus, dit tot aus'tout Gliaudat.
Comme v'érangeus s'let, dit let mère Ginon ;
Quias'que fret lo fechtin ? ce n's'rem' met, ni Fanchon.
Faut veur pus long que s'nez, faut d'let châ, faut d'let tâte.
Faut épratet tortot, faut tortot fare en hâte,
S'let n'vrem' beune enlet, tortot vré de trévés ;
Des sauces po tortot, l'en fauret des queuvés ;
De let tâte é l'évnant, don vin en ébondance :
Je n'povans po madi, j'nevanme essès d'évance.
Je n'sai c'quet nat' Fanchon elle at tortot chalié,

Je n'pieu comptet, je l'wouès sur l'eye po madié.
Je f'ra sou que j'pourra, dit Fanchon tot trembliante
Mas po vos solegêt édrasseuve è met tante ;
L'at mou fine cujnire et s'va dans les chêtés,
Fare des grands repès, et surtot des pétés.
Ç'a vra, r'pond Ginon, mas s'nam'tot, d'let cuj'nire,
Po tos les gens qu'jerans faut awouet de qué frire.
Ne v'inquieteur mè tant, li répond Chan Heurlin,
Déjé cheu lo chessou j'sus chur d'in merquessin ;
J'à r'teni cheu l'cosson, quouete ouyes de l'ennaye,
Aus'tant de grous diridons, d'polets eine covaye ;
In jane égnié, treus lieufs, et trap beun de pigeons ;
J'évans in vé cheu nos et quouete ou cinq jambons.
Je pense qu'eva s'let on n'erem'let fringale,
É moins que tot chéquin n'eveusse aux dents let gale.
Mas, s'name enqua tortot, je n'songeume aux preusens ;
J'en érans tant et pus de tortos nas pérans ;
J'erans de qué bafré tot le long de let s'maine,
Et surtout don vieux vin po n'molliet let gergaine.
Po cure torto s'let, y faut treus jos po l'moins,
Dit let bonne Ginon, s'at é let fois trap d'soins.
Matans slet è jeudi s'nam'trap, n'meus donc Lécornaye ?
Je l'creus, com'vos, dit-y, je n'en freume let crouaye
Quand on m'beill'reut tortot c'que véreus po l'fechtin.
Veus n'con'cheume Ginon, li répond Chan Heurlin,
On n'en fat pu com'leye, ausset j'let prige et j'l'aime ;
Comme in jane mérièt, en tot tems s'at let même.
Je l'creus, ma foi beun', dit Pierrat p'let fletiet,
L'at tot aus'frache auj'dhu, que l'jo qu'on let mériet,
Mas n'faume po s'let li beillet trap d'ouvreige ;
Quand on aime set fomme, y faut qu'on let meneige,

Si j'ouseus m'prononciet je n'panreum' lo madi ;

Je

Je v'pertéj'reus ti dous, j'panreus lo méqueurdi :
Tés rajon, répond Chan, te pales comme in homme.
Ç'à lo perti l'pus chure, y deut pliare è mé fomme,
I l'faut beun, fat Ginon, mas n'pédans point d'tems,
Dès aujd'hu je vas our les jambons que j'évans.
Féyeus d'main v'ni le Reiche, on pourret mate au foche ;
Tos les pus grous mochés que pes'ront pé let Boche ;
Sat l'diale é confesset que d'préperet tant d'châ.
Y nos faut don coreige et j'n'en a déjé oua,
Faut matte è profit l'tems, penseus è vat' effare
Alleuves-en tortus, perteus et s'léyeum' fare ;
Let coseine et rajon, dit Pierrat è Gliaudat,
Allaus r'treuvet Vani, et r'condure Chalat ;
L'et b'zan de s'préperet po lo jo de set nage,
Je creus qu'en c'bei jo let y n'li fauret point d'crasse ;
Y fauret se t'ni dreut com' nat' clerge pascal
Bien boire et bien chantet, surtout dansiet au bal ;
Fare lo bei galant, queuzanciet let mériaye,
Fare let riouye au to, tonnaye sus tonnaye ;
Faut tachet de li pliare au moins évant let nu
Po let rende pus doce, en s'éprachant d'let lu ;

Dans let chambe é coté Fanchon tojo d'salaye,
Pendant qu'on paleut d'leye ateut triste et r'tirjaye,
On let houye po r'seur les édus don rossiau
Elle érive en trembliant et fàt veur qu'elle e mau ;
T'as mou héch'rouse auj'dhu, li dit aus' tout set mére,
Ce n'at rien, r'pond, Fanchon, s'let s'pess'ret j'euspére ;
Rembresse to futur et vétans te r'pousiet,
Je woués beun l'i dit Chan, qu'nas éprats t'ont trobliet.
Eprache donc Châlat te fas mou peute mine.
Je noûs'reux, répond'y, j'nam' let barbe essés fine,
Ce s'ret po méquerdi, je matra mo bé r'chat,

H

On n'mo r'econatret pus , j's'ras aus'práp' qu'in Chalat.
Perteus don tos les treuche , et s'ven r'veneux bien vîte,
Madi , ny manqueur mé , j' v'étendant po let gîte :
Nas gens preignent austout let route de Vany,
Chan Heurlin de s'côté s'en va deva Cheuby ;
Invitet ses émins et torto speranteige,
E s'treuvet au fechtin lo jo d'on mérieige.

Tandis que tot checquin po s'let se trémousseut,
Qu'po bafret, po dansiet tot chequin s'éprateut
On époute é fanchon, de Fremin des novelles ,
Ce cher émin d'Marice , émin des pus fidèles
Y li mandeut d'tachet de r'queuler j'qu'au printems
Lo mériége en tréhin, s'il ateut i'qua tems,
Que Marice eriv'reut po li t'ni set pérale.....
Let v'let qu'bra de pliaji, mas qu'tot fout so désale
L'ateut dans s'neuviem' mois, et tortot ateut prat
Po contrectet s'mériége évà l'béta d'Chalat;
De veur bientout m'némin, si j'ateus échuriaye
Je poureus tot risquet, je n'sume iqua mériaye,
Se d'jeut-elle é per l'eye , en bréyant de tot s'quieur
Y m'épos'reut d'tot d'boin, ç'at in homme d'honneur.
Mas je n'pieus y comptet évant d'ête écouchaye ;
D'què féçon qu'slet torneuse y faut sautet let haye.
E tot c'que s'et pesset je ne pieus rien chinget,
Let prouvidence at bonne et pouret m'pratéget ;
Tot aus'bien ous'qu'at l'mau ? c'que j'a fat n'ame in crime :
Por mé l'afant qu'jéra s'rèt tojos leugitime.
Si s'nateut mes pérans, je refus'reut tot net.....
Let latte de Freumin éveut fat son effet ;
Let dalente Fanchon éveut repris coreige,
Et let léyet tolet, ç'eut étù mou démeige ;
Aussé Dieu qu'at d'sus tot, qu'nébandonne jémas

Les gens comme Fanchon, que sont quosi perfas,
De l'aute bout don monde et remoinet Marice,
Qu'in maudit bisquéyin éveut mis fieu d'sarvice;
Les éprets de let nace allint four en évant;
Fanchon y tréveilleut, mas s'nateut qu'en r'chegnant,
So père tot pertot éveut fat ses invites
Et dès l'madi métin déjé r'çu des visites.
Fanchon foch'neut d'tot s'quieur, mas l'mayin de r'quelet!
Elle n'en woüyeut point et moins d'tot quboulet:
Ç'ateut trap d'embérès, elle y pedeut let tête,
Et portant, comme on sait, elle n'ateume bête;
Elle se r'commendeut aux saints don pérédis,
È son Einge-Guerdien, po gaignet don reupis.

Let pour afant ateut de nové désalaye,
Quand tot è coup l'entend lo brut d'eune corjeaye;
Ç'ateut nas gens d'Vani qu'érivint po sopet,
Ç'ateut l'diale putout; Fanchon n'pieut l'échepet,
Ç'ateut les dous Pouaré, lo pliageant Lécornaye
Entorés de lariets, dont l'ché formeut let haye,
Des ribans aux chépés, è let tête des ch'vaux,
Aux hébits, tot pertot, l'en évint tot è vaux;
On les eut pris tortus po ces p'iates bacelles
Que vont au mois de maye è Metz cori les rouelles.
Chalat, lo peu Chalat r'saneut aux cherlétans,
Tant l'éveut autos d'lu de bébés en qu'lincans;
L'éveut déberbolliet so v'seige de quouérome,
Po let premire fois l'éveut j'creus l'ar d'in home.
On les r'cieut chez Heurlin tot comme des émins;
On descend de zout'ché les pauilles et les pussins.
Les ouyes, les quénards, les preusents p'let mériaye,
Et chéquin en entrant let rembresse en l'allaye
Au moment qu'elle alleut s'coichet dans in Keugniat

Po n'point rencontret ni veur Chalat l'tougniat.
I n'faum', dit Lécornaye, ébusiet d'let coseine,
Elle et to plien d'ouvraige autot de set cujenne :
J'névans ni faim, ni seu, jallans boïre in p'iat cou
Et peu j'irans n'couchet, et dremi tot nat' saou.

CHANT SEPTIÈME.

E poine lo fliambeau qu'écliare tot le monde,
Les boins et les méchans, sus let terre et sus londe,
Que féconde nas champs, que murit les rejins,
Dont let doce chalou nos beille de boins vins;
E poine enfin lo s'lat dourieut-y les monteignes,
Que tos les gens d'let nace érivint des campeignes;

   Tortus se rénjayint de bien boire au fechtin;
De meinget et l'év'nant des fricats d'Chan Heurlin;
Tortus, si sn'at Chalat, è let triste figure;
Tortus sautiât de jouye, exceptet let future;
L'éveut pessèt let nut po pléciet s'vantérien,
Set catte et so mochu, po qu'on ne woyeusse rien;
Elle n'éveut jéma bezan d'ête péraye
Por ête let pus beile et so veur édouriaye.
Chequin en let rouatant l'envieut è so rossiau;
C'eut étu pain béni d'li panre so l'muziau;
Tos les gens épratés, Chan Heurlin et set fomme,
En tête les Pouaré, s'dandinant Dieu sait comme
Tortus en rang d'ignions s'en allint au motin,
Quand tot è coup in cri les érête au chémin;
Ç'ateut l'brave Marice; aus'tot val l'essemblaye
Que lo rouate et l'envéye, et qu'at be un étonnaye.
Fanchon cheut en foibliesse, en ouyant ce qu'on dit;
On s'empresse autot d'léye, on let poute sus s'lit;
Tot chéquin let pliendeut, tant elle ateut aimabe,
Plagiante éva tot l'monde, et surtont chéritabe;
Mas les cancans bientout se répandent pertot;
On chuchatte è l'araillé, et les fomes surtot,

Se dijent, so l'secret, que let belle mériaye,
En rev'nant d'set foibliesse, ateut d'chute écouchaye
D'in grous guéchon bien dru, qu'en valeut quosi doux,
Que r'saneut è Marice, et qu'éveut d'beis chaoux;

 Pendant qu'on déviseut, qu'on médiseut sus s'compte,
Y s'éprateut cheu lu, po réperet let honte,
Que chéyeut sus Fanchon dans les cocomiaux;
Sitout qu'let étu prat, y va treuvet l'rossiaux :
Si j'to woués, li dit-y, pérète en l'essembliaye,
Devant to tes pérans, j'te flianque eune jaoüaye.
Te sés c'que s'let vieut dire, ou bien je t'lo fra veur.
Eh! mon Dieu, dit Chalat, je n'mo piq'mé d'honneur.
T'nés don jémas servi! li demande Marice?
Sia, dit Chalat, treus ans, au motin è l'aufice;
Mas, ç'let n'pieut m'empêchet d'entret cheu Chan Heurlin,
Ce n'am' po m'en allet, je creus, qui m'et fat v'nin;
Allans-y tos les dous; si s'en fauche, ou si m'chesse,
J'm'envras tot dreut cheu nos, je n'vieum' cheur en foi-
            blesse.
Je l'vieus beun', dit Marice, et t'srés beun étonnet,
De veur c'qui t'érivret, austout qu'jéras palet.
Y s'mâlent tos les dous évat let compeignieye.
Sitout entrés cheu Chan, y charche let merieye;
(On l'éveut mise et point dans let chambe è Ginon).
Je viens po reperet c'que j'a fat è Fanchon,
Dit-y, sans so trobliet, je sus in honnête homme :
En pertant, j'a jeurié que j'n'ereus point d'aut' fome :
Mo vace revenin; j'a cent écus d'pension,
In bé congé d'honneur po let belle action,
Que j'à fate et l'ermaye, au péril de met veye.
Ç'at è met let maujon, dont tant d'gens ont enveye;
Et je sus chur d'awouet l'emploi de garde bou,

Don premin qu'on r'voq'ret, ou qu'on matret dans l'trou.
C'nam' lo bien d'Chan Heurlin que met fat vnin en hate;
J'en a pus qui n'm'en faut, ç'at Fanchon que j'sohâte;
J'let demande è ses pérans, que j'a p'téte oufenset;
Si m'perdonnent ti-dous, j'sus trap recompenset;
Mo bonheur depend d'zous; eine bonne pérale
F'ret don bien e Fanchon, que churment se désale
De canset don chegrin à set mére Ginon,
E s'pére qu'at chéri tot-pertot dans l'canton....
Dessus ces bés mats-let, Chan Heurlin lo rembresse,
Lo sarre dans ses brès, en bréyant de tendresse.
In pou pus ta, dit-y, je pédins nat afant;
J'en évans treuche è s't'houre, et bientout p'tête austant.
Lo boin Dieu bénirét in pérail mériège.
Eva Fanchon et té, je n'frans qu'in menège.
Austout qu'elle vret beun', je r'novelrans l'fechtin;
Aujd'hu qu'lat préparet, faut en boire lo vin;
Don p'tiat guéchnat qu'j'évans, faut fare lo bétome,
Chalat s'ret lo parain, et maraine mé fome.
Qu'en d'jeuves, mes émins, je reponds po Ginon;
V'y consenteus, j'wois-ç'let, Chalât ne direm' non.
Eh beun' j'allans tortus ne far' qu'eune taulliaye,
Je chantr'ans, je boirans è nat' janne écouchaye.

    Po v'provet, dit Chalat qu'j'a por vo d'lémitié
Je v'décliare tosset qu'so p'tiat sret m'n'heritié
C'nam' portant mé qu'let fat; ma j'li servira d'pére;
L'en éret dous po inque, et n'eret jou qu'set mére.
Je renonce au mériége, en ce moment po tojo.
Allans d'junet, r'pond Chan, jeveurans ç'let queq'jo.
E let tauille è l'instant chéquin va panre plièce;
In pliet n'ame évalet qu'in aute lo remplièce.
Les matons de tortus allint comm' les pilons

Que brayent lot cherbon po let poure è quénons.
Let faim kelmaye, on boit des santés et let ronde ;
On vude lo tonné, qu'ateut plien j'qué let bonde.
Et quand let tete at prise, on jase, on chante, on rit.
J'v'ennayreus si j'dejeus c'qu'on et fat, c'qu'on et dit
Chan qu'ateut en tréyn, propouse lo rogome,
Et vieut que l'boin Chalât danseusse éva set fomme,
J'n'en f'ra rien repond-y, c't'honneur let ne m'am' dû,
Ç'at à monsieur l'sargent ; tot auss'bien j'a trap bu.
On l'woet beun, dit Marice, aussé je to perdonne,
De m'panre po sergent, si tet vue ateut bonne,
T'éreus vu que d'sus m'brès j'a les gâlons d'foriet ;
Ma t'as m'lioux qu'j'n'creyeus, éva ç'let t'nam' sourciet.
Ç'a vra, r'pond Chan Heurlin, Chalât n'et point d'malice ;
Et drès qui l'vieut, Ginon dans'ret éva Marice.
Prépareuves tortus, j'vas far' v'nin les vialons ;
Dans let chambe déjet danseus tojot des ronds.
Je vos chûs dans l'moment, je vas far' met tonnaye ;
Fare entret let musique, et frammet nate allaye.
E Marice portant je voureus dire in mât :
Je n'demande mè mieux, repond-y : qu'as'c'que ç'at ?
Je voureus beun sawouet comment que t'és pu fare,
Po v'nin è point tosset, po trobliet nate effare :
N'faum' menti, cher émin, te m'es fat mou d'pliaji,
Sans té tos les chégrins hébitrint nat' lagi.

En dous mats ce s'ret fat, li dit lo bé Marice,
Je séveus c'que s'pesseut, d'peus qu'j'ateus au sarvice ;
D'in boin émin qu'j'éyeus, je r'ceveus des évis ;
J'a treuvet lo darnier en pessant pè Péris.
Câlas Frémin m'éprend lo jo pris po l'mériège,
Qu'on n'compteut pu su mè ; ç'let m'beille don coreige ;
Je ch'mène nut et jo, jérive écheu cheu lu ;

Les

[65]

Les poutes so framint, et j'y pesse let nu.
Mas auj'd'hu d'grand métin, je voleus sus let route,
Aus'vite qu'in ouj'lion, don l'nid at en déroute:
Vos séveus l'rèche è s'thoure, et je v'demand' perdon
Des cheigrins que j'vas fats per émour po Fanchon.
N'y songeans pus, dit Chan, t'érés let récompense
De t'boin quieur et d'lémor, et d'perdon j'to dispense.
J't'a tojo beun aimé, te l'as aussé d'Ginon,
Je s'rans tortus contens, l'jo qu't'épous'rés Fanchon:
Quand je s'rans enteur nos, t'recontrés tes béteilles;
J'en ouyrans les récits, en vudant quequ' boteilles.
J'éveus b'san de t'pâlet bien pus qu'è nas pérans.
En étendant let nace, allans r'treuvet nas gens.

Les vale to les dous au mitan de let danse;
Et sitout qu'on les wouet, let meusique commence.
Marice éva Ginon dansent lo menuet,
Let sauteuse, let valse et même lo pess'-pied.
Val lo bâle en tréhin, Chalat surtout gigatte;
En jambliant d'tos cotés, et r'levant set queulatte,
Lo pour nat n'sévent oùa, çou qu'on li reserveut,
Set tête ateut perdaoue et trap sovant boveut.
Aussé l'et-on choisi po l'dindon de let ferce
Qu'in maudit guernement què ç'let sovent s'exerce,
Deveut li jouet pè nut, por émusiet chéquin,
En mattant édreut'ment d'let drague dans sovin.
L'ateut près de menut, et les gens d'let meusique
Atint saôus d'far'dansiet, et let mointié d'let clique
Dreumeut dans les queugnats, tot com dans in boin lit.
Chan que les wouet en let, tout auss'tout lous-y dit:
L'at temps de se r'tiriet, i fret jo d'main, j'espère,
Je pourrans recommenciet: lo repos at nécessaire.
Beilleume vas bessons, vas haubois, vas vialons,

I

Je les mattras lè-haut, po n'awouet point d'guguons.
I les prend tot auss' tot et les poute en let chambe
Où d'veut couchet Gliaudat, et s'fei qu'n'ateume ingambe.
En même tems tot chéquin r'ouégnieut l'euch' de d'vant.
On s'en va tot chantant, maugré let pliauve et l'vent.
J'to couch'reus beun tosset, mo bon émin Marice;
Mas te connas les gens i n'manquent-mé d'malice,
V'eveus râjon, Heurlin, je m'en-r'torne cheu nos;
Bonne nut tant qu'v'ateus, demain je s'ras d'lés vos.
Vos couch'reus éva m'et, dit Chan è Lécornaye.
Déjet les dous Pouarés enfilint let degraye,
Por ouégniet l'kébinet, ous' qu'atint les bessons.
L'atint saôuls tos les dous, tot comm' des p'tiats cachons.
Y faut conv'nin, cosin, dit Pierrat Lécornaye,
Qu'auj'd'hu v'eveus pesset, eune fièré jornaye.
Je n'compteum', repond-y, que j'éreus tant d'pliaji;
Mas drès qu'j'a vu Marice, austout j'm'a r'enjaï,
Je n'mo doteut de rien, réplique Lécornaye:
Fanchon et coichet ç'let en fome espermentaye.
J'ateus, dit Chan Heurlin, d'peus longtemps dans lo s'cret.
Ginon couche éva leye, allans d'va nat' cheuvet.

Déjè chéquin dreumeut de somme et de fétigue,
Que Chalat so r'moueut; dans s'lit danseut let gigue,
Ce n'ateume de pliaji, mas d'aouet bu don vin
Dragué pet lo chnèpan, que lo trateut d'émin:
Les vents dans ses boyaux feyint l'treyin don diale,
Set boche ne rendeut qu'des sons que t'nint don rale,
Maugré lu tot soffrant, l'a fourcé d'se r'leuvet,
Et de smâtte en bréyant sus l'pât po n'point creuvet;
Mas, queu guignon por lu! let l'mire ateut tindaoue,
Il éreut volu boire, et n'poveut treuvet d'aoue.
Dix fois pendant let nut fallut en fare austant.

Comment donc qu'il et fat ? l'pat n'ateume essés grand ;
Diret-on, c'let n'so pieume : écouteus, j'vas vo l'dire :
Veus l'creureus si v'voleus, veus poyeus même en rire.
V'séveus que dans zout' chambe atint les instrumens,
Po les mate è l'ébri des coups des eccideus,
L'atint benn', si Chalat, tot au long d'let nutaye,
N'éveum' de c'que v'séveus, mis près d'eune cherraye;
Lo pour diale è non gote, et n'merchant qu'è tâtons,
Eveut rempli let basse et let boîte aux vialons.
L'en éveut mins pertot, jusque d'zos let cheumnaye ;
L'ateut têlment rendu qu'i ne poveut pus haye.
Etendu d'sus l'plianchi, meurant, jetant des cris,
Qui v'érint, j'en sus chur, maugré vos étendris.
Chalat, l'fliarant Chalat, enfin renvail' so père.
Qu'as' que t'vieux, li dit-y, pâle, je t'lo vra quère.
Ah ! père je n'en pieux pus ; j'vas pet bèche et pet haut,
Li r'pond so hechrou d'fei ; j'n'a point d'aoue, y m'en faut:
Leuveuve, si v'poveux, tâcheus d'ampanr' let l'mire ;
Veus veureus comm' je sus, je n'séreus mieux vos dire.
Lo père tot auss'tout, so jette é bèch' don lit ;
Pénés bettans y vieut fare c'que s'fei li dit ;
Et po treuvet don fu, va dreut è let cheumnaye.
Mat let main dans let cende, et l'en r'tir' berbolliaye.
Qué diale as-que t'es fat ? ç'nam' morguié don pérus,
Ç'nam' de l'oule, çolet, et ç'nam' des r'nads non pus.
Ma j'éra bei freugliet, dit Gliaudat, j'peds met poine ;
Remattannes dans l'lit, prends met main que j't'y moine.
Je n'demande mé mieux ; mas je gât'rans les drès.
Viens tojos dit so père, on les chaouret éprès.
Les vale dans zous dreps, s'érangeant comme y peuillent,
Et comm' des p'chés repus, les vâle que ronfeuillent.
Mas, ce n'srem' po long-tems ; déjet chanteut l'alouatte,
Et let caille des prés feyent jet : *quoil-quoilate;*

Les guéchons de let nace et les j'ioux de vialons
Renvaillint tot chéquin, chantant d'vant les maujons,
Bientout cheux Chan Heurlin val' let bande érivaye,
Tot chéquin de boquets éveut eune fouaye.
Les bacelles de chute enteurent su zous pès,
Esperant de dansiet, l'ont tout quittet zous drès.
On érive è les chambe, ous' qu'ateut let meusique.
Qu'as' qu'on wouet en entrant! qu'as qu'on sent, dit let clique ?
On éprache don lit, où ronflint les Poirés,
Bozrés de c'que v'seveus, fats comm' des déterrés
Y n' faum' les renvaillet, dit lo pus raisonnabe ;
Perneus basse et violons, fouyans s'at'préférabe.
D' qué coté qu'on s'torneusse, on treuve don borbié,
On at dans les ouétenne, on n'sait où mat' lo pié,
Val lot m'liou meusicien, en peurnant son effare,
Que treuve dans ses basse in empoi que n'am'rare,
Que n'senteum' lo mirguet, ni l'thin, ni l'romarin,
On n'y poveut tochet qu'on n'en eveusse in brin.
Lo j'iou d'vialon è sto, que foch'neut comme quouète,
En jeutant tot fauché so vialon dans set boîte
Fat jeillit d'in seul coup tortot çou qu'ateut d'dans.
Ainsi que de let pliaoue au nez des essistans.
Po se déberbolliet on deuchant let deugraye
Let bande en c'bei moment ateut comme enreijaye.

Où diale as-que valeus dit let mère Ginon.
D'où veneuves tortus v'empoijneus let maujon.
J'allans, dit l'inq' de zous au mitan d'nat'véleige,
Chaouet tos nas hébits, et nos natti's lot v'zeige.
Po sawouet c'que j'évans y n'faum' matt' lo nez d'sus ;
On sent c'let d'essés long, d'auj'd'hu je n'verans pus.

I n'atinmes pertis que Chan et Lécornaye
Veignent près de Ginon, qu'ateut tote étonnaye
De cq u'elle éveut ouï de tortos les guéchons ;
Les val échtoméquiés de totes ses rajons ;
Et po s'instruire è fond, y r'montent let deugraye,
Que condut è let chambe, ous'qu'ateut let malaye.
Il y senteut si boin, qu'y r'veignent sus zous pès,
Léyant les dous Pouarés endreumis dans zous drès
On n'pleut t'ni dans let chambe austant qu'lateut fliarouse ;
Mas C'n'ateum' lo mament d'en recharchet les couses,
I récontent l'effare è let bonne Ginon,
Pendant qu'elle éprateut de tot s'quieur lo d'junon.
Marice érive austout, tot austout on l'embresse,
Et chéquin l'enteurtient de set belle maitresse.
Si-tout, dit Chan Heurlin, que Fanchon s'ret sus piés,
Je t'répons, cher émin, que v's'reus tis dous mériés.
Si t'vieus les veur demain, j'to condura dlé leye.
Je creus que tos les dous v'en éveus beune enveye.
Dès que j's'rans d'berressés des hech'rous de Pouaré,
J'm'occupra d'nat effare et vra veur nat' queuré.
Evant qui seut in mois, te s'rés po chur nat' genre.
Je s'rans tortus hagroux, y m'ta fout de l'épanre.

Ç'ateut po l'bé Marice, in bien bé compliment,
Aussé routant s'chèpé, fat-y s'remercîment.

Je sus j'creus è let fin don récit de mes bruilles ;
Je l'a fat po les gens, que n'ont point de scrupules.
Je poureus beun iqua prolonget mo discours,
Vos dire que pet bruille, on entend les écours ;
Que Gliaudat et Chalat, aus'bien que Lécornaye
Sont r'tornés è Vani dans let même jonaye ;
Que l'mériège et l'bétome ont chu de près l'fechtin ;

Qu'on en et fat in s'gond cheu lo boin Chan Heurlin;
Qu'è Péris comme è Metz, tot pertot, même au v'leige,
On n'et vû de let veye in aussé chermant m'neige.
Comme mé, j'en sus chur, veus séveus tortot çlet;
Et que l'Ciel e béni ces dous janes gens-let.
Si j'jaseus pus long-temps, je v'enayreux sans dote;
Je n'vieume lo risquet, je sais trap c'qu'il en cote.
Si je n'vame émusiés, je v'préviens que j'men ris;
Si j'a dit c'que j'séveus j'la fat po mes pliaijis.
Condujeuves tortus comme lo bei Marice;
Veus s'reus considérés, et v'n'éreus point de malice.
Comme è lu je sohâte é chéque boin guéchon,
Eune fome aussé belle, auss' seige que Fanchon;
In brav' comm' so galant è totes les bacelles,
Qu'éront de let doceur et qu's'ront tojos fidelles.

FIN.

ARGUMENTS.

Chant premier.

Exposition du sujet des fiançailles, ou bruilles. Arrivée de Marice en congé limité à Vrémy; ses amours avec Fanchon fille de Chan Heurlin.

Chant deuxième.

Suite des amours de Marice et de Fanchon, et ce qui en est résulté.

Chant troisième.

Marice reçoit une lettre de son capitaine qui lui ordonne de rejoindre le régiment qui est à la veille de s'embarquer. Départ de Marice. Inquiétudes de Fanchon; elle va à Metz où elle rencontre Colas Freumin, ami intime de son amant: son retour à Vrémy.

Chan Heurlin se rend quelques mois après à la ville chez son cousin François, factotum d'un chanoine, où il apprend que Marice a été blessé dans un combat, ce qui lui fait croire qu'il ne le reverra plus.

Il retourne à Vrémy où sa fille lui confie l'embarras dans lequel elle se trouve; consolations qu'il lui donne, et proposition qu'il lui fait de la marier avec un nigaud de Vany.

Chant quatrième.

Voyage de Chan Heurlin à Vany; il descend dans un cabaret où il trouve son cousin Pierrat Lécornaye qui déjeûne avec le père et le fils Pouaré. Lécornaye parle de Fanchon dont il fait l'éloge et pensé qu'elle conviendrait à Chalat Pouaré: on se donne rendez-vous à ce sujet à Vrémy pour le lendemain: conventions, accords, signature du contrat de mariage.

Chant cinquième.

Départ de Chan Heurlin, avec sa femme et sa fille pour aller à Metz faire les emplettes nécessaires pour la future: ils rencontrent en chemin les deux Pouarés et Lécornaye qui s'y rendent pour le même motif: ils descendent chez le cousin François. Madame

Saindru, gouvernante du chanoine, conduit Ginon et Fanchon chez les marchands; les hommes vont déjeûner chez la belle Louise, cabaretière vis-à-vis St.-Arnould: querelle et bataille entre un ivrogne et un sergent de ville qui s'y trouvent: Frayeur de Chalat qui va se cacher sous un lit: départ de tous pour Vrémy.

CHANT SIXIÈME.

Evénement en route; culbute du char sur lequel on avait placé Chalat, malade: leur arrivée chez Heurlin, où ils trouvent Fanchon qui était partie la première sur une charrette, et Chalat déposé sur le pavé par le voiturier qui l'avait mis sur son char: entretien sur les préparatifs du festin; fixation du jour pour le mariage: départ de Lécornaye et des deux Pouarés pour Vany: nouvelles de Marice que Fanchon reçoit par l'ami Golas Freumin; sa résolution.

CHANT SEPTIÈME.

Retour à Vrémy, la veille de la noce, des Pouarés et de Lécornaye: arrivée des parens invités: nouveaux chagrins de Fanchon, qui dissimule son embarras; on se met en chemin pour se rendre à l'église. — Apparition subite et inattendue de Marice: surprise de chacun: Fanchon tombe en faiblesse, on la porte sur son lit où elle accouche un instant après d'un gros garçon.

Déclaration de Marice en présence des gens de la noce réunis chez Heurlin, de n'avoir jamais d'autre épouse que Fanchon: joie du père et des assistans; désappointement de Chalat Pouaré. Dîner du festin: danses, farce jouée à Chalat, désagrément qu'il en éprouve.

Entretien particulier de Chan avec Marice; fixation du baptême de l'enfant pour le jour où Fanchon sera en état de se marier avec son amant. Invitation de Chan Heurlin à tous ses parens, de se trouver au nouveau festin qui doit avoir lieu à ce sujet.

www.ingramcontent.com/pod-product-compliance
Lightning Source LLC
LaVergne TN
LVHW021003090426
835512LV00009B/2048